サルトル、世界をつかむ言葉

渡部佳延

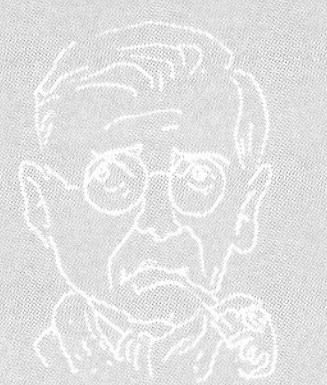

トランスビュー

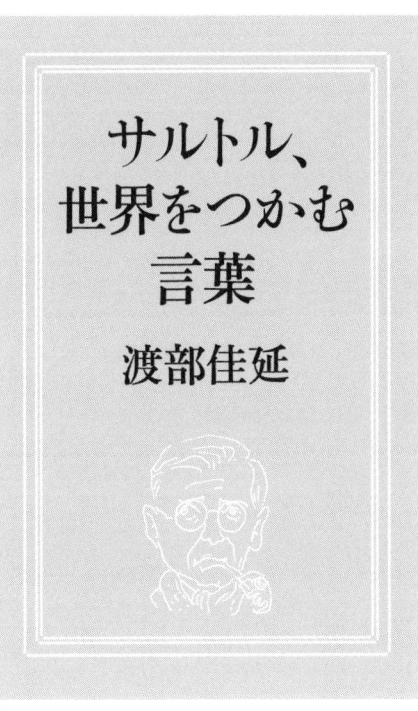

まえがき

この本は、初めてサルトルを読む人のために書かれたものである。

ジャン＝ポール・サルトルは、二十世紀の代表的な文学・哲学作品を書き、さらに演劇、文芸批評、政治評論、文学者の評伝などを著わした。そしてまた、フランスを代表する総合雑誌の編集長でもあった。

その存在は二十世紀後半の思想・文化に大きな足跡を残し、その動向・発言は多くの人々がつねに注目するところだった。しかし現在、たとえば若い人がサルトルを読もうとしても、有名な小説『嘔吐《おうと》』を読んだあと、何を読めばよいか、途方にくれるのではないだろうか。いま読者が、サルトルの膨大な作品を筋道立てて読むことは容易ではないし、ましてそこからサルトルの思想を摑み出すことは、きわめて難しい。

そこで本書は、サルトルの著作や人生からエッセンスともいうべき言葉を抜き出して、解説をすることにした。ただし「抜き出した」とはいっても、筆者が、ただわかりやすく気ままに説明するのではなく、あくまでもサルトルの思想の核心が理解できるように努めた。またときどきは頭を休め、クスリと笑っていただこうと、著名な場面のイラストも配してみた。

私たちは今、二十一世紀という、先の見えない荒野に立ちすくんでいる。地球環境の果てしない汚染、制御不能に陥った科学技術や生命科学、古くて新しい「民族」「ナショナリズム」という危険な嵐、欲望の全肯定が引き出す戦争の恐怖、そして何よりも私たち人間自身への不信。そのように押し寄せる困難と不安に立ち向かおうとするとき、サルトルの言葉は大きな力を与えてくれる。

人間の英知を信じ、ただそれだけを武器に、少しでも理想の社会に近づけようとしたサルトル、人間の究極の自由に賭け続けたサルトルの思想が、今こそ強い支えとして蘇ってくる。

本書は、そうしたサルトルの魅力を、七十二の言葉を取り上げて描き出したものである。本書の構成を簡単に記しておこう。第Ⅰ章「知の万能人の仕事」では、サルトルの生涯から、主要な十七の作品・仕事を取り上げ、その業績の全体を一望した。第Ⅱ章「私とは何か」から第Ⅴ章「世界へ」までの四つの章では、知の全域に広がったサルトルの思考に分け入り、「自己・意識」に始まり、「存在」「他者」を経て、「社会・世界」にいたる四分野、三十七項に分けて解説した。最終第Ⅵ章「書くこと、そして人生」では、書くことに命をかけた彼の人生を、十八のエピソードから描き出そうと試みた。

本書の七十二の言葉について、ここで一言しておきたい。これらの言葉のうち、翻訳のないものについては拙訳を掲げたが、すでに翻訳のあるものについては、文学的香り豊かなそれらの訳文を引用させていただき、巻末の引用一覧に詳細を示した。翻訳者の方々のご苦心を思い、心からの感謝を申し上げたい。また読者の方々には、本書を通してサルトルに興味をお持ちいただけたなら、これらの翻訳によって、サルトル自身の著作に直接当たっていただければ、筆者の喜びはこれに過ぎるものはない。

サルトル、世界をつかむ言葉

目次

I 知の万能人の仕事

II 私とは誰か——サルトルの思考1

III　存在とは何か――サルトルの思考2

IV 他者の顔――サルトルの思考3

V 世界へ——サルトルの思考4

VI 書くこと、そして人生

イラスト・桂川　潤
装　幀・高麗隆彦

サルトル、世界をつかむ言葉

・引用文中の〔　〕は筆者による補足である。

I

知の万能人の仕事

二十世紀最大の知識人サルトルは、七歳で小説を書き始める。それから六十七年余の生涯を覆う、おびただしい原稿。晩年の評伝作品『家の馬鹿息子』（フローベール論）一作だけで、世界の長編小説の代表『戦争と平和』の優に倍以上の長さを持つ。さらにこの知の巨人は、驚くべく広範な仕事をしたことでも知られる。文学（小説）に始まり、哲学、演劇、文芸評論、政治評論、総合雑誌編集、評伝。しかもそのどれもが一流という飛び抜けた能力の持ち主だった。超人サルトルの生涯の業績を、十七の作品・仕事にスポットライトを当てて描いてみよう。

▼現象学に目覚める

ほらね、君が現象学者だったらこのカクテルについて語れるんだよ

――レイモン・アロン

ボーヴォワール『女ざかり 上』より

のちにフランス政治評論の雄となるレイモン・アロンが、サルトルに告げた言葉。記録したのは二人の共通の友人、シモーヌ・ド・ボーヴォワール。生涯にわたるサルトルのパートナーである。

このシーンは、サルトルが「現象学」に開眼する瞬間としてつとに有名で、世界の思想界を席捲《せっけん》するサルトル思想が生まれる出発点となった。このころ彼は、アロンやポール・ニザンなど旧友たちの活躍に焦りを感じつつ、自身の哲学的考察に行き詰まっていたのだ。そんな夕べ、ベルリンから一時帰国したアロンが、店の名物あんずのカクテルを指差しながら、冒頭の一句を語ったのである。

その言葉を聞いたサルトルは、感動に青ざめた。目の前のカクテルグラスを語ることがそのまま哲学となる！　彼が何よりも大切に考えていた「意識の絶対性」を手放すことなく、しかも目の前

に広がる「世界の豊かな現存」をそのまま肯定する哲学――観念論と実在論を超える夢のような哲学を求めて、彼はその年の秋、ベルリンに旅立つ。

二十世紀現象学はフッサールによって創始され、その弟子ハイデガーで大きく展開、さらにサルトル、モーリス・メルロ＝ポンティらを通してフランスに流入した巨大な哲学潮流である。抽象的思弁を拒否し、「事象そのものへ」を合言葉に「現象」を見つめ、その徹底した解析から現実を解明しようとした。

現象学は創始者フッサールがすでに、人間の具体的生活の分析という、哲学伝統にふさわしからぬ宣言をしていたとはいえ、実際に分析するのは、庭の一本の樹木とか、子供たちを見つめる母の愛の眼差し程度であった。ところがその弟子ハイデガーになると、実存哲学の立場からそれが一気に拡大し、不安や恐怖、気遣い、おしゃべりといった、それまで考えられなかったような日常的、感性的テーマが、分析される。

サルトルに至っては、カフェのボーイの堂に入りすぎたしぐさから、スキーヤーと雪原との関係、敵兵の潜む丘からの眼差しの恐怖、果ては性行為や性器の形状にまで分析の手が及ぶ。哲学がカフェにまで引き下ろされたと評されたように、哲学は日常の具体的な現象までも分析し、そこに存在論的意味を読み取る方法が開かれたのである。

▼存在への吐き気

存在はふいにヴェールを剝《は》がれた。……そして怪物染みた、軟《やわらか》くて無秩序の塊が──怖ろしい淫猥《いんわい》な裸形《らぎょう》の塊だけが残った。

『嘔吐』より

一九三八年、三十二歳で刊行した長編小説『嘔吐』で、サルトルはフランス文壇に登場する。この小説は、一九三一年に書き始められ、何度も書き直した末にようやく出版に漕ぎつけられた、彼にとって最後の切り札のような作品だった。

『嘔吐』というタイトルは、存在の真実の姿を発見した主人公が、その汚物のような形姿、まったく意味を持たない偶然性に「吐き気」を催すところから採られている。小説の舞台のモデルは、サルトルがリセ（高等中学）教師をしていたル・アーヴル。川も凍る厳冬のさなか、孤独地獄をさまよう若い一知識人の身の上に、小さな事件が起こる。冒頭、小説の主人公、アントワーヌ・ロカンタンの恐怖の声が聞こえる──「何ごとかが私に起こった」。

しかし、何が実際に起こったのかは少しも明らかにされない。真冬の海岸でロカンタンは石投げをしようとし、吐き気を覚えて小石を取り落とす。なぜ？　彼にはその理由も、自分の感覚も理解できない。しかしやがて、他人の手、ドアのノブ、カフェのボーイのズボン吊り等々と、吐き気の対象が広がるにつれ、それらに「存在」の怖ろしい相貌をかいま見、吐き気に襲われたのだということを理解していく。そして有名なクライマックス・シーンでは、ついにマロニエの醜怪な根を通し、存在の真実の姿をはっきりと認識するに至る。一瞬のうちにヴェールが裂け、彼は見たのだ。それが冒頭引用の述懐となる。

ロカンタンが発見した存在の「真実」。それは、世界を構成する一切の「存在」にはどのような意味もなく、日常性の漆《うるし》（＝うわべ）が溶けてしまえば、醜怪な汚物の姿だけが残されるということ。これは、一種異様なミステリー仕立ての哲学小説となっている。

七年もの歳月をかけたこの小説は、ガリマール社に持ち込まれたものの出版を拒否され、ボーヴォワールの前でサルトルが涙を流すなど、陽の目を見るまでに辛酸《しんさん》を舐《な》めつくした。最終的に、原稿は社長のガストン・ガリマールに直接渡され、そこで出版が決まる。「嘔吐」のタイトルは社長がつけたものであった。この作品の刊行によって、サルトルは権威あるゴンクール賞候補にのぼり、新進作家の道を歩み出す。

▼「自由な社会主義」を求めて

自由が社会主義の中にその場を持つかどうかはわからない

ボーヴォワール『別れの儀式』より

サルトルは三十四歳で第二次世界大戦に出征、捕虜生活を経て一年半後に帰還した。戦争は彼の人生観を根こそぎ変えた。捕虜収容所からパリに戻ったサルトルは、それまでの自分の作品をそっくり否定するような「別人」になっていた。

かつて「芸術至上主義」的な心情の持ち主だったサルトルは、選挙の投票もしない非政治的人間だった。しかし、ヨーロッパ最強を謳われたフランス陸軍が、ヒトラーの奸計《かんけい》によって全面敗北する中、親友のニザンは戦死し、彼自身も虜囚となる。奇《く》しくもマルクスの故郷、ドイツ領トリーアの丘の上に収容されたサルトルは、収容所での共同生活の体験から、それまで自由を抑圧するものとして嫌悪感を持っていた「社会主義」に、共感を覚えるようになる。サルトルに、そののち四十年もの苦闘の後半生を背負わせることとなる、社会主義との関係の始まりである。

サルトルは、二度と政治に自分の自由を蹂躙《じゅうりん》させることは許すまいと、積極的に政治にコミットしようと決心する。この決意のもとに作られた反独レジスタンス組織の名称が、「社会主義と自由」であった。ボーヴォワールやエコール・ノルマル（高等師範学校）同窓のメルロ＝ポンティらとともに結成されたこの組織は、アンドレ・ジッド、アンドレ・マルローらにも参加を呼びかけるものの拒否され、十分な活動ができぬまま解散に追い込まれる。

しかしこの時、実現への疑問を持ちつつも提出した「自由な社会主義」という到達目標を、サルトルは生涯をかけて追求することになる。この理念こそが、サルトルに、ソ連およびフランス共産党との離合、『レ・タン・モデルヌ（現代）』誌の編集、非共産党左翼組織ＲＤＲ（民主革命連合）の立ち上げ、さらには五月革命等々での複雑な軌跡をたどらせ、理想と現実の間で苦悩する後半生をもたらしたのである。

▼自由への叫び

人間はまず存在し、しかるのちに自由であるのではない。人間の存在と、人間が《自由である》こととのあいだには、差異がない。

『存在と無　I』より

人間の絶対の自由をうたい、二十世紀の哲学史を飾る『存在と無』が刊行されたのは一九四三年、サルトル三十八歳の時である。長編小説『嘔吐』の作家が、哲学の大著を書いたという衝撃。文学と哲学にまたがる巨人サルトルの誕生である。

『存在と無』は奇妙な大著である。正式な執筆開始は一九四一年七月二十二日、当時ドイツ軍の捕虜となり、囚われていたフランス国内の収容所でだった。このため本書には、哲学書としては異例の、戦争、戦闘シーンが次々に登場する。

この大著をあえて一言で言い表わせば、「人間は無、しかしそれゆえに一切」とでも表現できるだろう。この世のあらゆる存在はたった二つのカテゴリー、「即自存在」と「対自存在」とに分けられる。それは物と意識のことであり、世界と人間のことであり、存在と無とも表現されるのである。本書全体は、その意識による目の前の物の認識から始まって、自由を核心とする意識の構造が分析され、続いてその意識が他の意識と出会った時に何が起こるか、さらには意識が世界と対峙して何をしようとするかまでが描かれ、この世の一切を原理的に説明し尽くそうとする意欲に溢れている。

強調されるのは、意識の明澄性と自由である。透明な水底がくっきりと見えるように、意識には一点の曇りもなく、またその自由は、自在に戯れる水のような絶対的な自由である。「ある」と「ない」をキー・コンセプトにした論理が縦横に駆使され、カフェのボーイのしぐさから、匍匐《ほふく》前進する兵士、性的欲望に至るまで、人間世界万般の事象が存在論的に分析される。哲学がカフェに引き下ろされたのである。

本書は、歴史に、また状況に抑圧され続けていたサルトルの、自由への叫びとも言える。のちにポスト構造主義の巨匠となるジル・ドゥルーズは、占領下のパリのリセで学んでいたが、刊行直後の本書を友人とともに買い、サルトルは自分にとってすべてだったと語っている。またジャック・デリダも、自分の哲学がサルトルから出発したことを告白している。

地獄とは他人のことだ。

『出口なし』より

サルトルが演劇に手を染めたのは、捕虜収容所に囚われていた時のこと。一九四〇年末のクリスマスに、フランス軍捕虜たちによる聖史劇『バリオナ』が上演され、彼は脚本を担当した。これは、歴史劇、神話劇の体裁をとりながら、反権力の要素を潜ませた「問題劇」であり、その企図を理解した捕虜たちから大きな喝采をうけ、サルトル自身も自らの演劇的才能を意識した。

収容所からパリに戻って二年、「劇作家サルトル」による初の公演が、一九四三年の『蠅《はえ》』だった。先の『バリオナ』でも、主人公の村長バリオナと、東方の博士バルタザールとの間で宇宙論的対話があった。これを引き継ぎ『蠅』でも、星々が輝く天空をバックに、回転する巨大な宇宙を創った全能者たる自分に服従せよ、と迫るジュピテル（ジュピター）に対し、主人公オレストは、神さえ手を触れ得ぬ人間の自由を高らかに宣言する。この作品もまた巧妙な二重構造を持ち、劇中に散りばめられたキーワードによって、権力者への叛意が示される。

これに続き一九四四年五月、ノルマンディー上陸作戦が迫る中で初演された『出口なし』（『恭しき娼婦』所収）は、これまでとはトーンが変わる。哲学的主著『存在と無』の中で理論化されていた、人間世界の宿命たる「眼差しの相剋」が、テーマとして前面に出てくる。

人間の「自由」を生涯かけて追求したサルトルには、「他者」もまた生涯の問題であり続けた。なぜなら他者もまた自由であり、その自由の行使が、私の自由の実現に直ちに抵触する可能性があるからだ。

舞台では、幕が開くとボーイに案内されて、電灯のついたサロンへ、人の世を去った政治評論家ガルサン、続いて女性郵便局員イネス、若い妻エステルがやってくる。初対面の三人は互いを見つめ、腹を探り合いながら、果てしない会話を続ける。出口は開かない一枚のドアのみ、電灯も消すことができない。ここそが地獄なのだ。しかし鬼はいない。互いが互いの敬意や愛情を空しく求め、眼差しを相手に向け続けて責め苛《さいな》みあう、永久に退出することの叶わない眼差しの地獄なのだ。そして終幕近く、冒頭の一句が現われる。

「ガルサン　じゃ、これが地獄なのか。こうだとは思わなかった……二人ともおぼえているだろう。硫黄の匂い、火あぶり台、焼き網……とんだお笑い草だ。焼き網なんか要るものか。地獄とは他人のことだ」。

サルトルはこの状況を、ギリシア神話のメドゥーサの挿話の深い意味だとする。メドゥーサはその髪がことごとく蛇となった女怪で、これを見た者は、恐怖のあまり石と化した。サルトルはこれを、他者の眼差しによって私が石化する比喩と考える。人は互いの眼差しの地獄から逃れることはできない。どのように振り払おうとも、私を物としてこわばらせてしまう他者の「メドゥーサの眼差し」はついて来る。

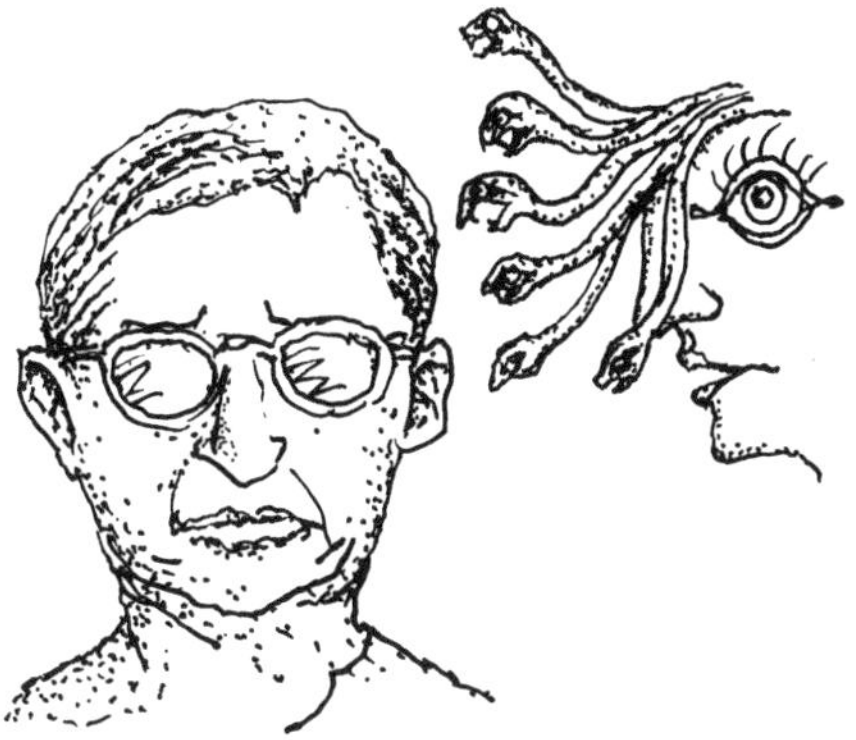

▼戦争と、人間の自由

それでもマチウは射った。……彼は純粋だった。全能だった。自由だった。

『自由への道 第三部・第四部（断片）』より

サルトルが、知の巨人として空高く聳え立った「事件」こそが、長編小説『自由への道』第一部・第二部の同時刊行である。「戦争と、人間の自由」を真正面からテーマに据えた巨大な小説の登場に、パリは大きな衝撃を受ける。

『自由への道』は、ジョイス、プルースト以来の神の視点の排除、内的独白、同時描写など、二十世紀の小説手法を華麗なまでに駆使し、巨大な戦争に呑み込まれていく人々の生活やヨーロッパ戦線、究極的には戦争という面妖な怪物の実体を、鮮烈に浮かび上がらせる。

『自由への道』第一部『分別ざかり』は、一九三八年六月のわずか二日間を、多数の人々の眼から描く。主人公格のマチウは、自らの自由を賭ける対象を見出せない三十四歳のリセ教師。その恋人マルセル、共産党員の友人ブリュネ、男色家の友人ダニエル、マチウの教え子ボリスとその年上の恋人ローラ、ボリスの姉イヴィッチ、マチウの兄ジャックとその妻オデット。物語は、第二次大戦が迫るパリを背景に、恋人マルセルの堕胎やマチウとイヴィッチ、オデットとの淡い恋などを絡め、さまざまな人物の彷徨を活写する。

第二部『猶予』は、一九三九年九月の、フランスとイギリスがヒトラーの脅しに屈した「ミュンヘン危機」を、壮大なスケールで描く。膨大な数の人物が、作品中を所狭しとうごめく。ヒトラー、チェンバレン、ダラディエといった政治家たちから、教師、機械工、楽団員、はては酔っ払い、そしてまた『分別ざかり』に登場したマチウ、オデット、ブリュネ、ダニエル、イヴィッチなどの面々も顔を見せる。こうした無数の人々の眼から、映画的な同時描写の手法を用いて、世界、そして戦争すらも人間たちの意識の総和として、またさらには、総和を超えたある観念的なものとして存立しているさまを描き出す。その戦争と歴史の叙事詩の中で、マチウが迷いの中から真の自由に目覚め、歴史の怖ろしい力の前でも、自ら決断できる人間になる姿が描かれる。

第三部『魂の中の死』は、ナチスの攻撃の前にもろくも潰走《かいそう》するフランス軍や、捕虜収容所の生態、あるいは疎開する人々の混乱を描く。冒頭の一文は、ドイツ軍へのマチウの抵抗を描写した一節の最終部分で、サルトル没後、二〇一三年に亡くなった映画監督の大島渚が、「サルトルは年老いはしなかった。彼はマチウのように射った。射ちつづけた」(『現代思想』一九八〇年七月号)と哀惜をこめて引用している。

第四部『最後の機会』は、その一部分、「奇妙な友情」が発表されただけで中絶し、『自由への道』は完結せずに終わった。

第一部と第二部が一九四五年九月に一挙刊行されると、大きな反響を巻き起こした。バルザック、ゾラ、プルーストらと較べる論評や、モーリス・ブランショの「一人の人間の内の、しかも等しく才能豊かな哲学者と文学者の出会い、それは哲学・文学双方が彼をそうした人間として選んだからだ」という評などがあふれる中、サルトルはさらに活動の範囲を広げていく。

▼雑誌編集長になる

もっとよい時代はあるかも知れないが、これはわれわれの時代なのだ。

『シチュアシオンⅡ』より

一九四五年十月、戦後フランス文化界が活況を取り戻す中、サルトルは斬新な雑誌をスタートさせる。『レ・タン・モデルヌ』、英語にすれば「モダン・タイムズ」、つまり「現代」である。文学・哲学・政治をテーマとする月刊誌で、若きエコール・ノルマル・グループを中核としたフレッシュな執筆陣がパリの注目を集めた。

編集長は、作家・哲学者・劇作家を兼ねたサルトル。その彼を、新進の現象学者メルロ＝ポンティが、マルクスを原典から読み込んだ知見で補佐する。また、政治評論の第一人者レイモン・アロンや、実存主義作家にして、やがてフェミニズム思想の開拓者となるボーヴォワールなど、戦後フランスを代表する知識人が名を連ねた。

占領下のパリで構想が練られていた『レ・タン・モデルヌ』は、作家と学者が一体となり、混乱を極めるヨーロッパの中で現実政治を見つめ、フランスの採るべき道を提示しようという、強い意志を持つ雑誌だった。編集長サルトルによる「『レ・タン・モデルヌ』創刊の辞」（『シチュアシオンⅡ』所収）は、後世に残る名文として名高い。

その冒頭からサルトルは、とりわけ作家に対して強い口調で呼びかける。これまでのブルジョワ作家たちのように、懐手《ふところで》をして世の中から超然としている風を装うのは、無責任以外の何ものでもない。作家もまた、時代に巻き込まれているではないか。この時代こそが、われわれの時代であり、今こそが作家の唯一の機会なのだ。作家はこの時代を見つめ、今を描き出し、そのペンに責任を持て。ペンを通して、人間の解放と自由とに向けて寄与せよ、と。

敗戦と占領という、苦い体験を噛みしめながら立つその政治的スタンスは、反ブルジョワであり資本主義陣営に与《くみ》しないものの、自由を軽視するマルクス主義陣営にも属さない。あえて米ソに偏しない「第三の道」を採り、人間の解放と自由とをひたすら求める若々しい気概が伝わってくる。

それはサルトル自身の決意でもあり、広く政治参加・社会参加（アンガージュマン）を志向する文学の提唱でもあった。

ピカソが作った『レ・タン・モデルヌ』の表紙案は、美術雑誌のようで文字が入れられないため没になり、ガリマール書店のデザイナーの案が採用された。それは白い表紙に黒と赤の文字だけ――タイトルと記事名、執筆者名のみが印刷された、実にそっけない造りではあったが、雑誌自体の鋭い論調により、たちまちフランス論壇の雄に躍り出た。発刊後十年近くも他誌を圧倒、激動するフランス思想界を領導する雑誌として君臨した。創刊からサルトルの逝去までに三十五年、その後さらに現在まで三十年以上、世紀を越えてなお刊行され続けている。

▼実存主義はヒューマニズムか？

実存主義の考える人間が定義不可能であるのは、人間は最初は何ものでもないからである。……人間はみずからつくるところのもの以外の何ものでもない。

『実存主義とは何か』より

一九四五年十月二十九日、シャンゼリゼ脇のクラブで行なわれた伝説的な講演「実存主義はヒューマニズムか？」（翌年『実存主義はヒューマニズムである』として刊行。邦訳は『実存主義とは何か』）でのサルトルの言葉である。会場入り口のドアから演者自身が聴衆をかき分け、演壇にたどりつくまで十五分以上かかったといわれるこの記念碑的な講演で、サルトルは次のように語った。

世の中のあらゆる物、例えばペーパーナイフには、「紙を切るもの」という本質があらかじめ設定されており、それに従って職人が作る。この世界はそのようにして作り上げられたものなのだが、逆に言えば、すべてのものにはそのような「本質」が定められている。だが、人間だけは例外ではないか。人間にはどのような定められた本質もなく、根源的に自由なのだ。自らをどのように作るか、この世界をどんなものにするかは、人間に任されている。ただ、それなら、自分たちが作ったこの世界に責任があることになる。

こうしてサルトルは、「実存主義」に対する非難――マルクス主義やカトリシズムからの、実存主義は人間の暗部ばかりを強調する哲学であるという非難を排し、実存主義こそがヒューマニズムであり、人間の自由と責任を基礎づけるものだと、高々と宣言したのである。

この講演が記念碑的なものとなった理由は、サルトルの名を知ってやって来た人々や、すでに流行にもなっていた「実存主義」の名に惹かれた人々など、多数が会場に押しかけ、大混乱となったからである。翌朝の新聞には「サルトルの講演に聴衆殺到。失神者まで出て警官出動」などの見出しが躍り、サルトルは一躍有名人になった。

実存主義は、一九四五年から四七年ごろまで、戦後特有の暗くエネルギッシュな雰囲気の中で、独特の風俗まで生んだ。サン＝ジェルマン＝デ＝プレ界隈に集まってきた若者たちがその主役だった。その多くは働きもせず、昼はカフェにたむろし、夜は地下クラブで酒とジャズと乱痴気騒ぎに明け暮れていたが、こうした無軌道な若者たちが、いつしか「実存主義者」と呼ばれたのである。そして、以前からこの界隈を生活の場としていたサルトルとボーヴォワールが、このグループの「王」と「女王」に擬せられ、「巫女」役は、長い黒髪に黒装束で物憂げにシャンソンを唄うジュリエット・グレコだった。

実存主義自体は、不安の世紀、二十世紀が生んだ哲学潮流である。この世紀は「戦争と革命の世紀」と呼ばれ、ヨーロッパだけで数千万の人命が失われ、大戦の終わったこの大陸には、おびただしい瓦礫と難民とが残された。このような焦土を背景に、緊張した生を強いられた人間の「現実存在」（実存）を思索の中心に据え、大戦後の大きなトレンドとなった哲学が実存主義である。

実存思想の源は、十九世紀前半のデンマーク人、キルケゴールだとされる。この思想が二十世紀に入り、二つの大戦をはさんだドイツの暗い時代に、ヤスパース、ハイデガーの二人によって、実存哲学として発展した。サルトルにより「実存主義」という名でフランスに移入されると、実存にまつわるヤスパースの静謐《せいひつ》性、ハイデガーの神秘性は消えていく。代わって、二十世紀に特徴的な人間の条件という暗い背景はなおもちつつも、明晰にしてヴィヴィッド、主体に全幅の信頼を置き、あえて世界への責任をも負う、ポジティヴな哲学に変身する。第二次大戦の硝煙の中から、絶望をのりこえ、未来を切り拓こうとする新しい哲学が誕生したのである。サルトルの実存主義は、戦後フランスのみならず、さらに広く戦後世界の大きな潮流となっていった。

▼猫を猫と呼べ

作家の機能は猫を猫と呼ぶことにある。

『シチュアシオン　Ⅱ』より

作家は、猫を犬と呼んではならない。国家や、権力を持つ党から圧力があったとしても、自分の目に映った通り、人々のためにペンを執るのでなければならない。そのように熱く語りかける『文学とは何か』(『シチュアシオン　Ⅱ』所収)は、雑誌『レ・タン・モデルヌ』に、一九四七年二月から半年にわたって連載された、四十二歳のサルトルによる颯爽たる文学論である。

文学は時代に超然たる存在ではない。作家は、永遠の相の下に作品を書くのではなく、同時代の読者に呼びかけ、彼らの解放と自由のためにこそ書くべきだ、とサルトルは説く。

虐殺と拷問の時代をくぐったサルトルが目指したものは、「自由な社会主義」だった。それは彼だけの意思ではない。第二次大戦中のフランス・レジスタンスそのものが、「社会主義フランス」を求めていたのであり、「社会主義」は、ほとんどのフランス知識人たちの希望だった。では、自由を希求する作家はみな、レジスタンスを主導したフランス共産党に入党すればよいのか？

サルトルは、資本主義社会を嫌い、革命を通して社会主義社会を実現すべきだと考えていた。しかし、ソ連やフランス共産党という現実の社会主義、コミュニズム組織に見られる暗い影――独善、専制、抑圧、強弁などに対してもまた、強い反感を抱いていた。

社会主義は、自由を実現するための「手段」でなければならない。しかしコミュニズムには自由はなく、幹部が一切を決定する。それは二十一世紀の現在の中国まで変わらない。ロシア革命後、一世紀を経てなお生き続けるコミュニズム支配の実情である。党が鉄の団結を誇るのは、幹部の命令一下、すべての党員が機械のように動くからである。

しかし、機械のように動かされる党員の「心」はどうなるのか？　「それは確かにそうだが、今、それを言ってはいけない」――こうした政治的プラグマティズムのために、党員は知っていることも知らないふりをせねばならず、「猫」を「猫」と呼んではならない事態にも出くわす。しかしサルトルは、作家にはそれは許されないと考える。「主人持ちの（奴隷の）文学」など、文学の名に値しない。

作家には、目の前の世界を自分の目に映じた通りに描き出し、その証言者となる義務がある。文学の目的は社会主義の実現ではない。それはスタートであって、目標は人間の解放であり、自由だからだ。アンガージュマン（政治参加）の考え方を基礎に、彼は作家の役割を熱く語り続けた。

▼アンチ・ロマンのゴッド・ファーザー

われわれの文学的世代の最も奇妙な特徴のひとつは、反小説《アンチ・ロマン》とでも名づけうるような全く否定的で強靭な作品が、あちらこちらに出現したことである。

『シチュアシオン Ⅳ』より

これは、一九四八年に刊行されたナタリー・サロートの奇妙な小説、『見知らぬ男の肖像』に、サルトルが寄せた序文の一節である。サロートは、戦後フランス文学の新世代の旗手であるが、この当時、いまだ無名であった。この小説は一見、探偵小説の体裁をとり、話者である素人探偵が、一年老いた父親とその若い娘の二人を追跡する。しかし探偵が何を探しているのか、この二人とは一体何者なのか、ついに明らかにならないという不思議な小説、小説を否定する小説なのである。

サルトルはこの作品を評して、小説の形をとりながら、小説に反逆を企てる「アンチ・ロマン」なのだと紹介する。そしてこの一種異様な作品は、小説の衰弱を示すのではなく、小説が自らを反省していることを証明するのだ、とも。

この小説を先駆として、フランス文学の一九五〇年代から七〇年代は、後に「ヌーヴォー・ロマン」と名を変えた、斬新な文学の時代となった。サロートのほか、アラン・ロブ＝グリエ、クロード・シモン、ミシェル・ビュトールらが、実験的な「新しい」小説群を次々と発表し、フィリップ・ソレルスら批評誌『テル・ケル』に拠ったグループがこれに続いて、フランス文学界は活況を呈する。

サルトルは、サロートから処女作『トロピスム』を送られて以来、この前衛作家に注目し、『見知らぬ男の肖像』では序文を寄せたのである。このような新しい文学潮流の名づけ親になることで、彼は文学史に新しい一頁を開いた。

サルトルが、時代を画する「新鮮なもの」への感覚が鋭い人間であったことを忘れてはならない。リセの教師時代、まだ「品の悪いもの」との偏見のあった「映画」というメディアを賞賛する講演をして、良家の父母から顰蹙《ひんしゅく》を買ったこともあるし、フッサール、ハイデガー、ヘーゲルなどにいち早く着目し、勃興するドイツ哲学のフランスへの導入者にもなった。また、ジョイス、プルーストなどの新しい二十世紀小説の手法に明るく、フォークナー、ドス＝パソス、ヘミングウェイら、新興国アメリカのエネルギーを体した、二十世紀アメリカ文学を高く評価している。斬新な小説の冒険の成果を取り入れた、サルトル渾身の長編小説が『自由への道』であり、神の視点の排除、内的独白、時間の処理などの多彩な小説手法を華麗に開花させている。

初期サルトルは、文芸雑誌『NRF《エヌ・エル・エフ》』に次々と作品・作家論を執筆していた文芸評論家としての面があり、『シチュアシオン　Ⅰ』に収録されたフォークナーやドス＝パソス論、あるいはカミュ、バタイユ、ブランショ論などが、その面目を伝えている。その筆がやがて大きく哲学を取り込み、泥棒作家ジャン・ジュネを分析した『聖ジュネ』や、フローベールを徹底的に追究した『家の馬鹿息子』などのような、巨大評伝につながっていく。

▼スターリンの亡霊

あの血だらけの怪物〔ソ連〕、それが社会主義であるというべきか？

『シチュアシオン Ⅶ』より

一九五六年十月のハンガリー動乱に対し、ソ連軍が戦車部隊を中心に武力介入し、民主化を圧殺した。その折、二万五千人といわれる市民の命を奪ったソ連を非難したサルトルの言葉である。一九五三年にスターリンが死去、五六年二月にはフルシチョフによる有名な「スターリン批判」が行なわれ、「非スターリン化」したはずのソ連は、なおスターリニズムで動いているではないかと、ソ連社会主義を批判している。しかしまた、初期段階の社会主義は、このような異様な姿しかとれないという留保もつけているところに、サルトルのためらいもうかがえる。

サルトルと社会主義の関わりを展望してみると、それは長く、また錯綜したものだった。マルクス主義は恐らく二十世紀で最も影響力のあった思想であり、コミュニズムへの幻想は、知識人を最も深く惑わした白昼夢であろう。サルトルもまた、コミュニズムへの矛盾した思いに引き裂かれていた。

まず、第二次大戦の終わった時点で、「共産党」が非常に魅力的な存在だったことを理解しておく必要がある。一九四五年はロシア革命から二十八年、ソ連はなお「地上の楽園」「労働者の天国」と喧伝されていて、それとはほとんど逆の実態が、いまだ明らかではなかった。ソ連は世界唯一の若い社会主義国であり、フランス共産党は唯一ナチズムに抵抗し、七万五千人もの殉難者を生んだ政党として、仰ぎ見られていた。

大戦中、対独レジスタンス組織「社会主義と自由」の拡大に失敗したサルトルにとって、共産党の鉄の規律は、政治的有効性という面では理想的であり、信頼に足る一方、独善性や抑圧の面では、どうしてもなじめなかった。共産党の方から見ても、大戦後のサルトルは、「人寄せパンダ」的な魅力がある半面、その自由なスタンスが、いつ自分たちの組織を裏切るか判らない、というリスクも伴った。このような両者の描く漸近線は、サルトルの半生を賭けて、極めて複雑な関係をたどることになる。

その概要を展望すれば、戦時中以来、つかず離れずの微妙な関係を保っていた両者だったが、一九五二年、『レ・タン・モデルヌ』に発表した「共産主義者と平和」によって、サルトルは大きくコミュニズムに接近する。それまで非米・非ソ連の第三の道を追求し続け、自前の政治組織RDR（民主革命連合）まで誕生させたサルトルだったが、フランス共産党書記長が冤罪をこうむった事件をきっかけに、社会主義革命を起こすことを優先課題として、ソ連・共産党寄りの路線を鮮明にする。

しかし、左傾したサルトルが、共産党こそがプロレタリアの自由そのものであり、ソ連は建国以来侵略的であったことは一度もないとまで「絶賛」すると、すでに政治路線の違いから対立していたアロンに加え、カミュ、メルロ＝ポンティまでもが、協力関係を断ってしまう。一方、ソ連・共産党からはもろ手を挙げて歓迎されたサルトルは、一九五四年にはソ連に招待され、フランス＝ソ連邦協会副会長というポストにも就く。しかしこの蜜月は、四年余りで終了する。

一九五六年はスターリン批判の年であった。この年の十月、東欧の自由化を期待したハンガリーで動乱があり、市民虐殺に抗議してただちにサルトルが『レ・タン・モデルヌ』誌上に発表した評論が、「スターリンの亡霊」（『シチュアシオン Ⅶ』所収）である。

ソ連軍により流されたハンガリー市民のおびただしい血、それでもなお、この血だらけの怪物ソ連を社会主義と呼ばざるを得ないと、「社会主義自体」は擁護しつつ、サルトルはソ連・共産党との提携を解消する。こののち両者が親密な関係をとりもどすことはなかった。

こうしてサルトルは『レ・タン・モデルヌ』のみに拠り、文筆の人に戻る。彼は五十一歳になっていた。書斎に戻ったサルトルが全力を投入したものが、人間が歴史を築いていくことを根源から問おうとする『弁証法的理性批判』であった。

▼戦争犯罪を問う

来たるべき世紀よ。ここにいるのは被告、孤独で異形な私の世紀だ。……きみたちは、われわれから生れたのだ。……諸君は、自分の母親を断罪するのか？

『アルトナの幽閉者』より

一九五九年初演の『アルトナの幽閉者』は、二十世紀が犯した戦争犯罪を厳しく問う、異色の劇作である。その最終シーン、誰もいない舞台で、テープレコーダーから流れる主人公の声が寒々と響く。声は来たるべき三十世紀に向けて語られるが、それは架空の世紀なのだ。なぜなら、二十世紀の後にもはや世紀などありはしないと、同時に語られるのだから。

この作品は、ナチス＝ドイツに協力して成長したハンブルク・アルトナの造船業者ゲルラッハと、その長男フランツを巡る物語である。フランツは大戦で東部戦線に出征、捕虜の扱いなどで深い戦争責任感を背負って、一九四六年に帰国する。翌年、アメリカの占領軍将校に重傷を負わせたフランツは、アルゼンチンに出国することで示談が成立、しかし実際は、以来ゲルラッハ家の二階に閉じこもる。劇中の時代は初演と同じ一九五九年、父が癌で余命半年となり、家族の前にフランツが十三年ぶりに姿を現わすというクライマックスを迎える。

戦争犯罪は今も一家に重くのしかかり、終幕で父とフランツは自殺行に出発し、残された家族にも救いはない。ラストシーンが、テープから流れる冒頭引用のフランツの声であり、二十世紀の責任を自分の双肩に負うという声が暗く響く。

この劇の背景には、明らかにサルトル自身の、フランス人としての罪の意識がある。戦争直後は、ドイツ軍の拷問を人間として許されぬ非道と非難していたフランス人自身が、こともあろうにアルジェリア独立戦争で、現地のアルジェリア人に様々な拷問を行なっていたのである。しかもそれを隠しきれなくなっても、フランス人たちの多くの反応は、「見て見ぬふり」であった。アルジェリア独立戦争を、自由を求める植民地解放の戦いとして支持したサルトルに対し、「非国民」との非難が降り注いだ。サルトルの立場の厳しさがしのばれる作品である。

サルトルは、大戦中の『出口なし』以降も、『汚れた手』『悪魔と神』など、卓抜な戯曲を発表し続けて、そのつど話題を呼ぶ。本作『アルトナの幽閉者』は、ボーヴォワールがサルトル劇作中最高の作品と評した。

〈弁証法的理性〉というものは、……おそらく宇宙全体が何であるかをも教えるものとなる。

『弁証法的理性批判 I』より

『弁証法的理性批判』は、難解をもって鳴る、サルトル後期の哲学的主著。三十代で戦争に押し流された苦い体験を持つサルトルが、以来、歴史とは何か、それはどのように進行するのかと考え続け、いわばその回答として一九六〇年、五十五歳の時に書き上げたものである。人間の歴史の根源を解明すべく、個人の生と生産の原点から出発し、社会構造の成立過程を哲学的に見通そうとした、野心的な企てである。

前期の哲学的主著『存在と無』で到達したさまざまな知見をベースに、ある部分はそれを継承し、またある部分では大胆に修正を加えて、現実に生きて動く人間と世界の本質を丸ごと捉えようとした。

この書を導くキー概念として採用される「弁証法」とは、ヘーゲルの説いた、物事の発展の論理である。一般に、A＝A、即ち同一律しか認められないのが世の常だが、しかし現実をよく見れば、自己は同一のままではなく、必ず自己と矛盾するものを発生させ、それと対立、統合する中で新しい自己を生み出していく。この動的過程とそこに働く法則を弁証法と呼ぶ。

弁証法は人間の認識の原理であるとともに、人間世界での存在の法則でもある。それは自己以外のものを取り込んでいく形で、「否定の否定」によって状況を乗り越える運動の論理ともなる。この作品に即していえば、人間の労働が、消費物や商品を生み出す個人的実践に始まり、歴史全体の進行に至るまでの、あらゆるレベルの人間の活動を貫いている。

サルトルは弁証法的理性、即ち弁証法の働きそのものである理性の掌握によって、人間世界すべてを説明し得るだけでなく、宇宙全体までも解き明かせるのではないか、との期待を述べる。弁証法の歴史事象への適用によって、現在及び過去の歴史が理論的に理解可能となり、さらにはるか未来をも展望し得るというのである。

膨大なこの著作を根本から支えるものは、人間の実践（プラクシス）、すなわち障害を無限に「乗り越え」ながら社会を、また歴史を形成していく人間主体への信頼である。しかし、人間の実践は必ず不活性な淀み、すなわち「惰性態《だせいたい》」を引き起こす。それは、人間自体が惰性的存在に陥り、組織も硬直し、さらには社会全体が惰性の集積となって存続するからだが、それをまさに革命的に打ち破るものこそがまた、人間の実践＝「乗り越え」なのである。

以上の経緯の鮮やかな描写が、サルトルの筆が生き生きと躍動する一節として有名な、フランス革命のクライマックス・シーンである。その日、一七八九年七月十四日、国王軍と不気味な対立を続けたパリの民衆が、ついに「勝利か死か」を賭け、手に手に武器ならぬ武器を取り、反権力で捕えられた人々を閉じ込めた難攻不落の要塞バスチーユに押し寄せる。

サルトルは、熱い血をたぎらせたこれらの人々を「溶融集団」と名づける。市民たちの怒りの波は、いまだ構造化されず、組織としては成立していない。しかしそれゆえにこそ、バスチーユへなだれを打って押し寄せる人間の奔流の中では、誰もがリーダーとなり得、またいつでもリーダーが一成員に戻り得る。完全な自由と至福が支配する、柔軟な燃える集団なのである。しかもその巨大なエネルギーによって、ブルボン王朝の惰性は崩壊する。

だが、この理想的な集団のパワーを保持するためには、互いの命を預け、忠誠を誓いあう「誓約集団」が必要とされ、これがさらに「組織集団」「制度集団」へと構造化が整う中で、惰性は確実に進行し、その極が「国家」となる。国家が先の溶融集団の再出現によって倒壊するならば、これら諸集団間には一定の循環性があることとなるだろう。

この書は、実存主義的立場からなされた、きわめてユニークな社会哲学の試みである。マルクスの、平等を求める人々の永い行進としての歴史という認識を背景に据え、ヘーゲル弁証法を自在に取り込み、人間の自由そのものである主体的な実践を前面に打ち出している。フッサールやハイデガーのような静的、思索的な哲学思惟ではなく、ダイナミックな、激動する時代の哲学が紡ぎ出される。人間の、どのような状況をも乗り越える力、人間関係の微妙な支配・被支配の関係、闘う熱い集団内での幸福な充足感など、人間行動の諸側面にまで入り込んで、人間と社会組織、歴史の諸相を解明しようとした大著である。

▼命がけの独立戦争支持

ヴォルテールを投獄などするものではない　――シャルル・ド＝ゴール

『サルトル　一九〇五―一九八〇』より

一九六〇年、フランスは全力をあげて、アルジェリア独立戦争を鎮圧しようとしていた。サルトルは、アルジェリア人の自由を尊重し、国策に真っ向から反対、独立運動にさまざまな援助をしたため、官憲による逮捕が迫っていた。冒頭の引用文は、そのきわどい刹那、最終的に不逮捕の決定をした、ド＝ゴール大統領の発言として伝えられる言葉である。

サルトルを投獄しない理由として、ド＝ゴールが「ヴォルテール」を持ち出したところが秀逸である。かつてヴォルテールは、十八世紀絶対王制のフランスをこき下ろし続けた。その彼が代表していた啓蒙主義こそ、全ヨーロッパ、いや全世界に対し、フランスの知的優越をもたらし、フランスを支えたものであること、そしてその役割を、二十世紀のサルトルが果たしていることを、ド＝ゴールはよく知っていたのである。

かつて、七つの海を支配した大英帝国と覇《は》を競った巨大植民地帝国フランス。十九世紀から二十世紀にかけて、フランスという強大な国家の力の源泉となったのは、本国の二十倍もの面積を誇る植民地だった。それだけに、第二次大戦後のそれらの独立は、皮を剝がれるような苦しみを伴うことになる。

とりわけアルジェリアはフランスの対岸にあり、フランスの海外領土獲得の原点ともなった地であった。現地人口の一〇パーセントを入植フランス人が占めていたこともあり、フランス人の意識では「分割できないフランスの一部」であった。だからこそ、インドシナやモロッコなどの独立を「しかたない」と考えたフランス人も、アルジェリアの独立要求には強硬に反対した。

このため独立戦争に対しては、フランス側からの凄まじい暴力が行使された。「本国と同等の自由・平等が保障」されていたはずのマグレブの地で、なりふりかまわぬ拷問が行なわれたのだ。

サルトルは早くから、ボーヴォワールとともに弾圧を非難し、独立運動を援助した。しかし、フランス人から返ってきた反応は「非国民」との合唱であり、在郷軍人は「サルトルを殺せ！」と叫びながらシャンゼリゼを行進、彼の住居には二度も爆弾が仕掛けられた。

この戦争は、サルトルが命の危険を冒して闘い、「サルトルの戦争」とさえいわれ、アルジェリアのみならず世界の植民地と連帯する姿が深い感銘を与え、「フランスのサルトル」から、真の意味での「世界のサルトル」に名声は高まっていくのである。

アルジェリア戦争は、一九六二年の独立をもって終了するが、その後もサルトルは、「抑圧からの自由」を求める闘いをやめなかった。第三世界支援の旅で世界各地を訪れるこの「二十世紀の良心」に対し、どこでも歓迎の人波が押し寄せた。

▼「超人」か「ただの人」か

サント＝アンヌ〔サン＝タンヌ〕精神病院で、ひとりの患者が、ベッドから叫んでいた。「私は王子だ！　大公に謹慎を命ずる」。人が彼に近づき、耳元でささやいた。「洟《はな》をかみなさい」。彼は洟をかんだ。人が彼にたずねた。「君の職業はなんだね？」。彼はおだやかに答えた。「靴屋です」。そしてまた叫び始めた。われわれはみな、この男に似ているように思える。

『言葉』より

サルトルが自伝『言葉』の中で九歳のころの自分を描き、自分は「王子」であり、また「靴屋」だったと回顧する一節である。サルトルの家族、すなわちサルトル、母、祖父母の四人は、いわば「敗戦処理」的家族だった。サルトルが一歳三カ月になろうとするところで、海軍士官の父ジャン＝バチストは熱病で没してしまい、息子はのちにそれを、父の「大失策」としている。二十四歳の母アンヌ＝マリーはやむを得ず、幼子を連れて両親のもとに戻る。頼れるのは、すでに六十歳を越えた祖父のみであった。

それだけに、早熟ぶりを発揮し始めた少年への家族の期待は大きく、サルトルはいつしか、偉大な人間になることが既定のコースとなっていた。七歳になる頃にはフローベールの『ボヴァリー夫人』を読みこなし、コルネイユ、ラブレー、ヴォルテール、メリメ、ユゴーにも親しんでいた。家に出入りする人々からも褒めそやされ、自らも「超人」たる自信に満ちた少年だったが、しかしなおどこかで、「ただの人」ではないかという疑いも払拭し切れない。その微妙な心理が、冒頭のサント＝アンヌ（サン＝タンヌ）病院の一節には巧みに描かれている。

『言葉』は、サルトルのノーベル文学賞指名（ただし辞退）に貢献したとされるほど巧みな文章である。冒頭を、自らの誕生ではなく、それを半世紀以上もさかのぼる曽祖父の時代から筆を起こすところがまずユニークである。それに引き続きサルトル自身の誕生、父の死。若い母と、孫を天才と信ずる祖父に溺愛され、書物の森の中で、自らの才能を意識しつつ成長する少年。十二歳になるまでの、飛びぬけて利発な一人っ子の頭の中と、その目に映った広大な世界が、生き生きと描かれる。

作品全体は「読むこと」と「書くこと」に分かれ、文字に淫し、文学によって永遠の存在たらんとした自らの幼少年時代を、歯に衣《きぬ》着せぬタッチで描き切った異色の自伝である。

▼究極の評伝

負けるが勝ち

『家の馬鹿息子　Ⅱ』より

『家《うち》の馬鹿息子』全三巻は一九七二年、六十七歳の年まで、執念をもって書き継がれたフローベール論である。驚くべき巨編で、その量は、『存在と無』や『弁証法的理性批判』の三倍を優に越える。大容量作家サルトルの中でも、飛び抜けたボリュームである。世界の長編小説の代表のように言われるトルストイの『戦争と平和』と、日本語訳の原稿枚数で比べれば、『家の馬鹿息子』はおよそ倍以上の量がある。このあとさらに予定されていた第四巻が未完に終わったのは、サルトル自身の失明のためである。

この膨大な評伝はひたすら、写実主義の巨匠、フローベールという特異なキャラクターの真実と謎の解明に充てられている。しかも「評伝」とはいうものの、この超大作が扱う範囲は、五十八年半の全生涯ではなく、その前半、ようやく『ボヴァリー夫人』でデビューするまでの三十五年半なのである。

それだけの労力を払って、サルトルが探究を続けたフローベールの「謎」とはいったい何か？それは、タイトルからも示されるように、周囲とうまく折り合えず、文字もなかなか覚えられなかった「一家の恥ずべき馬鹿息子」が、なぜ三十五歳にして言葉の魔術師、世界文学史に残る大作家になれたのか、ということである。

この作品の「第一部　素質構成」では、父、母、兄などの家族が徹底して分析され、劣等児たるフローベールとの力学が描かれる。「第二部　人格形成」では、小学校から中学校、さらに大学に向かうフローベールが、いかにさまざまな「悪条件」を乗り越え、自らのうちに芸術性を育んでいくかが語られる。「第三部　エルベノンまたは最後の螺旋《らせん》」では、幼少期以来なお加えられる父からの圧力により、望まざる法律家への道に悩んでいたフローベールが、突然の卒倒によって「廃人」となったことを父に納得させ、窮地を逃れた「戦略」が描かれる。表題を持たない「第四部」は、フローベールの陥った神経症を、十九世紀半ばのフランス・ブルジョワ社会全体の神経症と同質のものと捉え、歴史的に視野を拡大させている。

作品のクライマックスは「第三部」冒頭で、闇夜、兄と二人で馬車に乗ったフローベールを突然襲った卒倒であろう。サルトルはこれを、歯を食いしばらねばならぬほど嫌っていた法律家としての未来を拒否するため、半ば無意識のうちにとった起死回生策であると考える。フローベールはその後も発作を繰り返し、有名な医師だった父は、それをわが手で癒せなかったがために、「廃人」の息子をあきらめる。これをフローベールから見れば、「負けるが勝ち」の戦略となる。彼は、もはや学業を続けるどころか、世に出て働こうともしない。父から与えられた別荘で、引きこもり人生を送る情けない男、という人間失格の汚名を着ながら、しかし生涯、執筆三昧の日々を送ることができたのであった。

全体に目を移せば、一世紀近くも前のフローベールの日々の動きにまで、じっと目を凝らすサルトルの視線が感じられる。フローベールは、母の胎内から生まれおちたあと、今度は時代、あるいは歴史という羊水に浸される。また一方では、家庭という装置の中で、最初の外部たる家族と接触する。この両者から全面的な影響を蒙りながら、あらゆる外側からの異物と闘い、乗り越え、また同化し、その中で自らを貫こうとする。その自由の闘いの軌跡を、サルトルはひたむきに追跡し続けるのである。

その方法は、まず伝記的事実や書簡、関係者の証言、これに加えて、十三歳から書かれ始めた初期習作の読解から得られた、フローベール自身の知見などが基本データとなる。

これらのデータを解釈する道具としてまず、外部世界に対する人間の「乗り越え」を解明する、『存在と無』以来の実存的精神分析が主な手段となる。さらに、幼少期からの葛藤を理解するための精神分析、家族の力学を知るためのアメリカ社会学、一家の物質的基盤からその意識形態を把握するためのマルクス主義など、さまざまな方法が駆使され、生誕から三十五歳でのデビューに至るまでの、フローベールの一挙手一投足が分析し尽くされる。目指されたのは、フローベールの「完全な理解」であり、およそ知り得ることはもちろん、たとえ知り得ないことまでも、どのような方法を使ってでも知り尽くそうとする、まさに憑かれたような、ほとんど狂気にも似た、巨人的な試みの書が本書であった。

サルトルの評伝の仕事は、主なものを挙げても、一九四七年の『ボードレール』に始まり、『聖ジュネ』、シナリオの形をとった『フロイト』、自伝『言葉』、『マラルメ論』、そして一九七二年のこの作品に至るまで、六人にのぼる。いずれも自己の全存在を賭けて世界と対峙したキャラクターである。しかもサルトルは、三十年近い歳月をかけて、六人を次々と平板に採り上げたわけではない。形を変え、手法を変え、より多層的な視点から対象人物を捉えることにより、評伝自体のスケールを大きく豊かにし、ついに『家の馬鹿息子』において前人未踏の、追随者は現われ得まいと思われるほどの究極の評伝を完成する。これら人間の心の「完全解読」の試みは、文学と哲学を合体させせた成果が生み出した、サルトルの一つの金字塔であろう。

▼失明に抗して

希望というのは人間の一部をなす、とわたしは考える……世界は醜く、不正で、希望がないように見える。といったことが、こうした世界の中で死のうとしている老人の静かな絶望さ。だがまさしくね、わたしはこれに抵抗し、自分ではわかってるのだが、希望の中で死んでいくだろう。

『朝日ジャーナル』一九八〇年四月十八日号、五月二日号「いま、希望とは」より

一九八〇年四月十五日の死の直前に活字になった、四十歳も若い友人ピエール・ヴィクトールとの対談での発言。この対談が、『ル・ヌーヴェル・オプセルヴァトゥール』誌に掲載され、大きな反響を呼んでいたさなか、サルトル自身は死の床にあったので、文字通り遺言といえるものである。引用の一節に続きサルトルは、今日の恐るべき世界は、歴史の長い発展の一契機に過ぎず、常に希望が人類を牽引してきたことを示してみたい、と述べて対談を終えている。死の直前、それも七年も前から視覚を失った思想家から提出された、驚くべきコメントである。自らの肉体的暗黒、政

治状況の暗黒の中で、しぶとく、あくまでもポジティヴに、どこまでも考え抜こうとする精神がそこに立っている。

一九七三年の眼底出血による失明は、サルトルに大きな打撃を与えた。幼い頃から文字に親しみ、文字を読み、また書くことに生命をささげてきた人間の失明。読み書きすべてが不可能という事態は、サルトルの精神と肉体にパニックを引き起こしたが、彼はよくその衝撃から立ち直る。朗読などで耳から情報を取り入れ、他者との対談によって自己の思考を練り、表明していくという方法を工夫する。

冒頭引用の対談を、ボーヴォワールら『レ・タン・モデルヌ』グループの人々は、サルトルの面目が失われていると非難した。しかしこの対談全体から受けとれることは、どのように劣悪な状況にあっても、なお思考し、また行動し続ける人間の「希望」を打ち砕くことはできない、というサルトルの強いメッセージである。まことにどのような肉体的困難・政治的困難によっても、パンドラの箱の最後に残った「希望」のように、それを人間から奪い去ることだけはできないという、「征服されざるサルトル」の面目躍如たる「遺言」であった。

最晩年、失明の七年が生んだ結論としての「いま、希望とは」は、サルトルの果てしない知の旅の、最も高い成果とは言い難いとしても、最も粘り強い、最もしたたかな未来への決意であるとは言えよう。

「自由」それ自体である人間は、自らの根源において「希望」であり、行動を通じて永久に自由で平等な社会を追求していくであろう。――サルトルの死から三十余年を経過し、今もひたすら利益しか目に入らず、地球破壊の淵が見え始めている資本主義の二十一世紀に対し、人間が選択すべき「もう一つの世界」を力強く指し示しているサルトルの言葉である。

II

私とは誰か

――サルトルの思考1

知の全域に広がるサルトルの思考は、緻密で難解な一方、極めて明晰、優れて論理的な特徴も持つ。しかも、哲学的思惟と文学的感覚とが絶妙なバランスをとり、読む者の心をとらえる。その思考の核心こそが、人間の自由である。意識の絶対的自由は、自らを超え、世界を超え、常に新しい何ものかを創造する。意識のダイナミズムを極限まで追究したサルトルの思考を一望する。

▼「存在」は二種類しかない

われわれは……次第に存在の二つの型、すなわち即自と対自とを立てるところまで導かれてきた。

『存在と無 Ⅰ』より

サルトルは哲学的思考の初めに、存在をたった二つに分ける。「即自存在」と「対自存在」とである。「即自存在」あるいは単に「存在」とは、意識を持たない「物」のことである。

それは自らに即しており、自分自身とぴったり重なった「充実」である。単なる塊であるがゆえに、どのような活動もそこからは生まれない。サルトルはそれを、「あるところのものであり、あらぬところのものではあらぬ」という、呪文のような言葉で表現する。これは、自分の内に静まり返り、自らを越え出る脱自性を持たない塊、というほどの意味である。

一方、「対自存在」とは、意識のことであり、また意識を持つ存在、すなわち人間を指す。それは「自らに対している」という意味で、「対自存在」と名づけられる。対自についてサルトルが表現する「あらぬところのものであり、あるところのものであらぬ」という不思議な言い方は、常に自分を抜け出す「脱自性」を、その本質として持つことを示している。すなわち、即自存在が、完全にまた永久に自ら自身に留まっている静的な存在なのに対し、対自存在は、不断の自己超越それ自体であるような、動的存在なのである。

『存在と無』は、即自存在、対自存在という、このたった二つの存在の分類に始まって、それらの交渉によって全世界が形成されていくさまが描かれる壮大な絵巻であるが、即自と対自とはまた、このタイトル通り、「存在と無」とも言い換えられる。対自、すなわち意識は、それ自体ではどのような内容も持たぬいわば「無」である。しかしながらこの意識という無は、無ゆえに存在を追い求め、活力にあふれている。

さらに意識は、限りなく自己から抜け出し続けることで「自由」そのものであり、さらに「投企」「実践」などという形で、自らや世界を形成していくダイナミックな存在なのである。サルトル哲学は、意識のダイナミズムの哲学だといえる。

▼人間に本質などない

実存は本質に先立つ

『実存主義とは何か』より

「実存」とは、もともと中世スコラ哲学の用語である「本質」(essentia)に対する、「現実存在」(existentia)に由来する。日本語の訳語「実存」は、「現実存在」を略してつくられており、『「いき」の構造』の著者、九鬼周造《くきしゅうぞう》の造語である。「本質」と「現実存在」の違いとは、たとえば「一角獣」の本質が、「額に一本の角を持ち、処女にのみ狎《な》れる動物」であるとしても、それが現実に存在するかどうかは、また違う問題だということだ。

「実存」が哲学概念として脚光を浴びるのは、十九世紀前半のデンマークの哲学者キルケゴール以来である。彼は、世間や教会から迫害されているという、「壁」の意識を持った人間だった。彼にとって真なるものとは、ヘーゲル的な壮大な体系でもなく、また世間の掟でもない。私が客観的真理を見出したとしても、それが私にとっての真理でなければ、何ほどのことがあろうか? 神の前に一人立ち、自らの行く手を選びとろうとするこの私にとって、生死を賭けるに値する真実のみを求めること、ここに「単独者」としての人間、そしてその人間の「主体性」が現われる。

このキルケゴールの実存の思想が世紀を越えて、第一次大戦後のドイツに入る。敗戦国の暗さの中で思索を深めていたヤスパースとハイデガーがこれを受け継ぎ、不安の時代の哲学として注目を浴びる。さらに第二次大戦後、サルトルの手で「実存主義」という名で広められていく。このとき実存の思想は、それまでの伝統よりはるかに明晰で軽やかな、しかも何よりも主体の創造力と決断力に信頼を置く、ポジティヴな哲学に変貌したのである。

引用の「実存は本質に先立つ」とは、人間がこの世できわめて例外的で特殊な存在であることを強調した言葉である。サルトルによれば、ペーパー・ナイフにせよ書物にせよ、さらにこの世界を成り立たせているありとあらゆるものは、「本質が実存に先立つ」。つまり、「紙を切るもの」なり「知識を供給するもの」なり、それらの本質はあらかじめ製作者の頭の中で形作られ、それに従って生み出される。

ところが、人間だけはその関係が逆になる。人間の本質を設定するはずの神が存在しないならば、人間の本質などどこにもない。人間はまず実存（現実存在）し、自らと世界とをつくる。人間は自身がつくるところのもの以外のなにものでもない。人間はまず先に実存するがゆえに、未来に向かって「主体的」に「投企」（次項参照）する存在であり、それゆえにまた、自分自身とこの世界に対し「責任」を持たねばならない。そうサルトルは説くのである。

▼投企の哲学

人間はまず、未来にむかってみずからを投げるものであり、……主体的にみずからを生きる投企なのである。

『実存主義とは何か』より

サルトルは実存主義の第一原理として、人間には神が企図したような本性など何もなく、自らつくるところのもの以外の何ものでもない、と考える。したがって、個々の人間はその生涯以外の何ものでもなく、人間はその行為の総計である、とも。

こうした「行動主義」的な発想は、引用の講演がなされた一九四五年の前年まで、フランス全土がナチス＝ドイツ軍の制圧下にあったという事情によるであろう。そこでは、四年にもわたって弾圧、拷問、密告、レジスタンスなど、政治的な暴力が支配していたのである。

「投企」とは、人間が何ごとかを企て、その実現のために世界に向けて自らを投げかけること、すなわち、いまだ存在しないものをつくりだす人間の活動を示す。「投企」という概念自体はハイデガーに由来し、『存在と無』にもすでに登場しているが、「行動の中以外に現実はない」とする戦後のサルトルに特徴的な発想となり、実存主義の主要なキーワードとして広まった。

ここでアクセントが置かれているのは、「投企」をし続ける人間の「主体性」への強い信頼であり、それが現実をつくり、自らをつくり、さらには世界を、歴史をもつくっていくという確信が生まれてくる。この「主体性」という言葉は、目の前の困難を次々に克服していく側面を示せば、「乗り越え」という表現にもなる。

サルトルの「主体性」の哲学は生涯変わることなく、『弁証法的理性批判』でも、進行を続ける壮大な人類の歴史の原点にあるものが、人間の主体性そのものである「実践」(活動)であるとされている。

▼自由の刑に処せられて

自由であるとは、自由であるべく呪われていることである。

『存在と無 I』より

これは『存在と無』の中でサルトルが、人間の自由の実態をズバリと述べた言葉として名高い。原文の動詞にはcondamner（有罪宣告する）が使われており、直訳すれば「自由の刑に処せられていることである」となる。つまり、人間は「自由であるべく運命づけられている」というニュアンスがあり、人間は自由であるよりほかのありかたを持たないとして、人間の絶対的自由が強調されているのである。

サルトルは『存在と無』の中で、人間の意識（対自）の特色として、何ものをも原因としない完全な自発性、根源的に自分から自分を切り離すことのできる徹底した脱自性をもって、人間の自由を保証するものとした。

サルトル自身がこの「自由」に絶対的な価値をおき、自由の思想家として生涯を一貫させたことは、特筆すべきであろう。彼の後半生は政治との苦闘によって特色づけられるが、そこで目指した、収奪のない社会主義社会も、自由なしには認めなかった。社会主義は手段であって目的ではなく、目的はあくまで人間の自由だからである。

『存在と無』ほかの哲学、『自由への道』ほかの小説、『家の馬鹿息子』ほかの評伝など、サルトルの作品はそのすべてが、自由を探究した試みである。賢い一人っ子として、誰からも命令されることなく、心の向くままに書物の沃野を駆け巡った幼少期が、自由を何より愛する思想家を育てた。

文筆家としてデビューした後、大戦前後までは、『存在と無』をはじめ、人間の自由がひたすら声高に打ち出されている。これに比べると、後期のサルトルでは、人間の自由（＝主体性）への信頼は変わらないにせよ、『弁証法的理性批判』をはじめとして、自由や主体性をさまざまな形で抑圧しようとする社会に対する認識が深まり、それをどう乗り越えるか、そこからどう脱出するかにサルトルの関心が移っていく。

一九七三年以降の晩年の七年間は、失明と体力の衰えという絶望的な状況の中で、自由の思想家サルトルの最後の闘いがくり広げられた。彼は一時失意の底にあったが、やがて自分を取り戻す。耳から情報を取り入れ、他者と対話を重ねるなど、自らの知を維持しようと工夫する。「自由」そのものである人間は、またその根源において「希望」でもあり、どのような困難をも排して、自由な社会実現のために前進を続けるだろう――そう語る七十五年の生涯の最後まで、自由の思想家たる姿勢はついに崩れることがなかった。

▼世界の「我有化」

私の野心は私一人だけで世界を知る……ことなのである。私にとって認識は、我有化といってもよい魔術的な意味を持っており、知るとは自分のものにすることなのだ。

『奇妙な戦争』より

「我有化《がゆうか》」とは耳慣れない言葉だが、「自分のものにしてしまうこと」である。サルトルのキーワードとしてこれが取り上げられるのは、彼が幼くして「世界の我有化」、つまり世界征服に乗り出したからである。もちろん世界征服といっても、アレクサンダーやヒトラーのような武力による制圧ではなく、「認識」による征服である。

サルトルは通常の意味での欲のない人間で、生涯に国内外から得た膨大な印税を、みな周囲の人間に撒いてしまった。蓄財もせず、不動産も所有せず、名誉も欲しがらなかった。世界的な影響力を持った哲学書・文学作品を書きながら、大学教授にならなかったどころか、ノーベル文学賞すら辞退したのである。

その代わりにサルトルが欲したものは「認識」であり、「知」であった。三、四歳にして『家なき子』を読み始め、七歳にして『ボヴァリー夫人』を読みこなした上に「小説」を書き、なんとかラルース大百科事典を持ち上げられるようになると、それを読みふけった。この少年は、いつしかこの世の一切を知ること、知による世界征服を目指す。

「ささいなもの」を手に入れて征服の代償とするのでは、自尊心が許さない。知によって世界を丸ごと手に入れること。しかも、世界の細部を科学の力で知るのではなく、形而上学によってその全体を知り尽くし、自分のものとしてしまいたい、という野望である。

こうして若きサルトルの目標は、世界の意味を形而上学によって捉え、しかもそれを美しい文章＝文学の形に整えてこの世に送り出すこととなる。三十二歳のとき世に出た長編小説『嘔吐』が、その最初の達成であった。

▼つねにコギトから出発する

人間存在の研究は、コギトから始められなければならない。

『存在と無 Ⅰ』より

「コギト」とは「（私が）考える」ということ。デカルトの有名な一句「コギト・エルゴ・スム（われ思う、ゆえにわれあり）」に由来する。意識の哲学者サルトルの出発点は、つねにコギトである。とくに『存在と無』を中心とする前期思索においては、コギトが目の前の物、自分自身、他者、さらには世界全体と対峙し、そこに何を見、何をし、何を生み出そうとするかが厳密にたどられる。その知は澄みわたり、透明な水底のすべてがくっきりと見えるように、明晰な論理で押し進められ、一点の曇りもない。

この透徹した眼差しによって、意識と物のドラマを見つめ、理論化していけば、世界の一切は自ずから鮮明な見取り図となって手に入るだろう。それこそがサルトルの、世界の一切を知る方法となる。

しかしこのような、コギトの哲学は、激動する政治状況の渦中に入った後期サルトルの、とりわけ『弁証法的理性批判』においては、プラクシス（実践）の哲学、行動の哲学となって、様相を一変させた。「考える」ことは、その思考を「形」や「行動」に変えてのみ、有効性を認められるからである。このようにしてサルトル哲学は、「存在論哲学」から「社会哲学」へ移行する。

二十世紀後半の精神分析の影響力の拡大や、構造主義・ポスト構造主義の洗礼を経た二十一世紀の現在から見れば、サルトル哲学、とくに前期のコギトの哲学は、無意識を排除し、また知に潜む死角や闇が考慮されていないなど、若く素朴な哲学に見えるかもしれない。しかしこの明晰で純粋なコギトから、自由、主体性、乗り越え、実践など、さまざまなポジティヴな思考が紡ぎ出され、二十世紀の思想に大きな影響を与えるとともに、二十一世紀以降の真摯な思考への礎《いしずえ》を提供していることを、忘れてはならない。

▼意識は志向する

フッセルの示したところによれば、あらゆる意識は、何ものかについての意識である。

『存在と無 I』より

現象学者としてのサルトルは、現象学の祖フッサール（フッセル）によって定式化された基本テーゼ、「意識の志向性」を受け継いだ。

哲学の世界では、「意識」や「現象」のように、つねに流動し、姿形を変えるものは、本来考察すべき対象ではないとする傾向があった。しかし厳密な学を志向したフッサールは、あえてその「意識」に着目する。たしかに意識作用自体は流動的なものであるが、その作用が関わる内容は時間を超えた、ある定まったものである。意識はそれを通して、意識の外にある何ものかを確実に志向することができる。こうして意識の探究が、正式に哲学のステージに昇り、「意識の志向性」はフッサール現象学の根本テーゼになるのである。

サルトルはさらに、意識は外部の存在を意識に立てながら、しかも同時にそうした自己自身をはっきり対象としては立てずに意識している、とする。つまり意識は、「自己（についての）意識」でもある、と考えるのである。こうして自己（についての）意識をつねに持つ意識は、一〇〇パーセント純粋な「一枚岩」とはいえず、自らの内部に「二元性」、いわば裂け目が発生することになる。

この内なる裂け目は、主観対客観のような対立・分離関係ではなく、時間、空間上の実体的な分裂があるわけでもない、いわば無に等しいものである。それは意識内部のゼロ距離の分離である。しかしこの無によって、意識はつねに自己から引き離され、そこから人間の自由が引き出される、とサルトルは考える。つまり、完全な自己同一である即自には自由はなく、対自にこそ自由はあるのだ。サルトル哲学を特徴づける「自由」は、意識の完全な自発性と並び、ここを理論的原点として、世界全体に向けてさまざまな形に展開していく。

▼カフェのボーイの哲学

キャフェのボーイを考えてみよう。彼の敏捷《びんしょう》できびきびした身ぶりは、いささか正確すぎるし、いささかすばしこすぎる。彼はいささか敏捷すぎる足どりでお客の方へやってくる。彼はいささか慇懃《いんぎん》すぎるくらいお辞儀をする。……彼は演じている。彼は戯れている。……彼はキャフェのボーイであることを演じているのである。

『存在と無　I』より

哲学をカフェに引き下ろしたといわれる、典型的なサルトル哲学の一節である。カフェのボーイは、類型的で少々大げさな身ぶりを示すことで、客の前でその身分・職種そのものを演じようとしている。

ボーイばかりではない。八百屋にも、駅員にも、警官にも、それぞれの「ダンス（振る舞い）」が存在する。そのダンスによって彼らは、接している相手に対し、彼が八百屋、駅員、警官そのものであることを、納得させようとしているのだ。だから、ぼんやりしている八百屋、しょんぼりしている警官ほど、相手にとって癪《しゃく》にさわるものはない。礼儀上、また職務上、彼らはそのようなダンスをし続ける必要があるのだ。

そこには、ダンス自体のうちにその人間を閉じ込めようとする意図がある。なぜなら人間は、その内部を見れば、インク壺がインク壺であり、コップがコップであるように、カフェのボーイであることはできないのだから。世の中のさまざまな職業人は、ボーイにせよ、駅員にせよ、一般にその職能自体にしか見えないが、それは当人たちがそれぞれの職能をひたすら演じているからであって、本人の内部では、その職能から全く「自由」な意識が働いている。

カフェのボーイのエピソードは、人間を「即自」にしてしまおうとする自己欺瞞的な行為と、実際にはそれを不可能にしている意識の脱自性の例として挙げられており、「自由であるべく呪われている」人間の意識を、みごとに分析したものとして名高い。

▼実存的精神分析の考え方

実存的精神分析の原理は、「人間は一つの全体であって、一つの集合ではない」ということである。

『存在と無 Ⅲ』より

実存的精神分析は、フロイトの精神分析を深化させ、即自と対自が複雑に絡み合うダイナミズムの分析によって、人間の諸行為を、その人間の根源的選択にまでさかのぼって理解しようとする、サルトルの手法。一人の人間について、「書く欲求を持つ」「冒険好きである」「嫉妬深い」などといった、傾向や性向の集合リストを作るのではなく、それらを解読し、その人間全体の原点をつかもうとする。

この立場からすると、人間は、最もつまらない、最もささいな行為にもそっくり自己全体を表わし、また逆に、まったく無意味な癖や好悪、行為はあるはずがないことになる。こうして実存的精神分析は、人間の現実の諸行為を読み取り、それらが示すその人間の根源へと迫るのである。

このアプローチの中核は、この世に生まれおちた一個の意識（＝実存）が、世界という圧倒的な外部のプレッシャーに直面し、それをどのように受けとり、またいかに身構え、乗り越えていくかという「選択」にある。実存的精神分析の技は、まさにその選択を描き出すところにある。

サルトルは実存的精神分析を扱ったこの記述の末尾に、他日、フローベールとドストエフスキーについて、実作を試みたいと予告している。フローベールについては、二十八年後に、膨大な『家の馬鹿息子』の刊行が開始された。

ドストエフスキーについては実現しなかったが、一九四七年の『ボードレール』に始まり、五二年の『聖ジュネ』、七〇年代に部分的に発表された『マラルメ論』などの評伝が、実存的精神分析の好例である。いずれも、困難な状況をこれらの文学者がどのように受け止め、またそれをいかに乗り越えていったかを、文学と哲学の両面から描き切り、雄渾《ゆうこん》で特異な評伝となっている。

▼神にはなれない

人間は一つの無益な受難である。

『存在と無 Ⅲ』より

これは『存在と無』の「結句」であり、サルトルが人間について極めて悲劇的な結論を下しているとして、さまざまに言及された言葉。しかしサルトルの論理を追っていけば、必ずしも暗い結論になっているわけではない。

対自存在（意識）は存在論的に「無」であるため、自らを根拠づけることができない。このため対自は、自分に欠けているもの、すなわち自らの根拠となるべき即自存在を求め続ける。これを「存在欲求」と呼ぶ。

目の前の即自存在（物）の認識から出発した対自存在は、他の対自存在（他者）との苛酷な眼差しの闘いを経験し、世界へ出て行く。そのとき対自存在のとる行動は、世界に働きかけ、それを変え、それを所有しようとする。それはつまり、自らの対自存在を「即自にして対自」（＝もはや無ではなく、即自という根拠を得た対自）に変身させようとすることであり、また、即自存在の全体である世界を、我がものとしようとすることである。

「即自にして対自」とはまた、意識と存在が一致する「神」のことでもある。だからそれは究極、人間が「神であろうとする企て」であり、世界そのものとなることによって絶対の自由を得ようとする、意識の凄まじい欲望をも示している。

しかし、神になることだけは不可能であり、それを試みようとする人間は、何かを生み出すことのない無益な受難とならざるを得ない、というのがサルトルの結句の意味である。『存在と無』は、「悲劇」的な表現をとりながらも、人間の絶対的な自由を力強く宣言する哲学書というべきである。

▼神の存在は問題ではない

たとえ神が存在してもなんの変りもない

『実存主義とは何か』より

サルトルは『実存主義とは何か』の中で、実存主義者を二種類に分けた。ヤスパースやマルセルを有神論的実存主義者、ハイデガーや自身を無神論的実存主義者だとしたのである。ただし、ハイデガーからは抗議を受け、この件についての言及は繰り返していない。

サルトル自身は十二歳で信仰を失った。もともと宗教心が薄く、ある日、リセに連れだって行く娘たちがなかなかやってこないので、いらだって時間つぶしにふと神のことを考えようとした。その時、「そうか、神なんていないんだ」と思い、それで事が終わったという。

第二次大戦中、ドイツ軍占領下のパリで初演された戯曲『蠅』にも、主人公オレストと全能の神ジュピテル（ジュピター）との宇宙論的な対話がある。ジュピテルはオレストに対し、お前を創ったのは自分だし、星々の運行、潮の満ち干、植物の生育、雲のたなびきに至るまで、この世の万物は自分の支配下にあると威圧する。しかしオレストはひるまない。お前は神々の王だ、しかし人間の王ではない。お前が人間を自由な存在として創った時、人間はお前の支配を離れた。人間は自由そのものなのだ、と宣言する。このオレストの言葉は、冒頭の引用と同じ考え方である。

サルトルによれば、実存主義は神が存在しないことを必死に証明しようとする無神論なのではなく、神の存在を問題にしない思想である。実存主義は自らをヒューマニズムと考えるが、それは人間を究極の目的とし、最高の価値と考える、という意味ではない。人間は究極存在ではなく、つねに創るべきものなのである。実存主義は、人間がつねに自己の目的に向けて投企を続け、自らを創りつつ、困難を乗り越えていく存在であるがゆえに、ヒューマニズム（人間主義）なのである。

III

存在とは何か
——サルトルの思考2

サルトルは存在の思想家でもある。世界の半分を支配する、透明で軽やかでヴィヴィッドな意識。その前に広がる、残る半分の重い物質（存在）の世界。彼の目に映った存在の姿は、孤独地獄の男の目を借りた「汚物」からスタートし、やがて意識の精妙な「結晶」にまで変化する。サルトル思想の深層を見つめながら、存在の宇宙を探検してみよう。

▼生命への嫌悪

あらゆるものが生きているように見えました。気味の悪い、憎悪に満ちた、彼に吐き気を催させる生命やら、こちらに迫ってくる生命やらで、溢れかえっているように見えました。

『若き日の著作』より

神なき世界の哲学を打ち立てようと考えたサルトルは、まず存在をはっきり二つに分けた。即自存在（物）と対自存在（意識）とである。一方、文学者でもあった彼は、即自存在が持つ「感触」を、文学作品の中に描き出している。前期の文学的主著『嘔吐』では、主人公アントワーヌ・ロカンタンによって、異様な「存在観」が語られる。

これが、著者自身の「存在観」に深く関わっているのではないかと推測されるのは、若年の著作にも、同様の感触を示す、冒頭引用のような一節があるからである。出典の「ある敗北」（『若き日の著作』所収）は、サルトルが二十二歳の時の小説。ニーチェと、ワグナー及びその若い妻コジマとの、有名な三角関係を下敷きにしている。

引用文はこの小説中、主人公によって語られる劇中劇にある。この劇は、自分ただ一人が意識を持っているという「独我論」に閉じこめられた王子が、愛によって他者にも「心」があることに目覚める、というおとぎ話となっている。しかしこの一節は、王子の目覚めの過程で、植物や物すべてが意識を持って彼を覗き見ている、という気味の悪いエピソードであり、『嘔吐』のマロニエの根を前にしたシーンを十年もさかのぼる「原型」とされている。

サルトル自身には生来、透明で軽やか、活力に富む「意識」への愛着と、それに対立する「物」や自然に対する反感、ことに増殖する生命に対する嫌悪感があったようだ。ボーヴォワールは出会って間もない頃、牧場に本を持っていって読もうと提案し、サルトルに憤慨された体験を持つ。彼は牧場だけでなく植物の緑が大嫌いで、緑色をした体の中を流れる、物言わぬ、しかししぶとい自

己増殖の意思を気味悪がったようである。『嘔吐』のクライマックス・シーンで、主人公に吐き気を催させたのも、植物の根であった。ついでに言えば、サルトルが本当に嘔吐した生涯二度のうち一回が、一九六六年に来日し、祝宴で無理に生《なま》の生命(刺身)を食べさせられた時だったというのは、決して笑えないエピソードであろう。

引用のシーンは、世界のあらゆる存在が主人公をじっと見つめているという、悪夢のような場面である。サルトルの意識の

底にあったであろう、いわば「うごめく外部に対する恐怖」の心性が、緑色をしたサラダや、「植物的動物」である甲殻類への嫌悪に始まって、互いが眼差しでうかがいあう不気味な他者の理論に至るまで、一貫しているように思われる。

ただし、サルトルは自然すべてが堪えがたいと思っていたわけではなく、例えば庭園の中でも石の庭は好きだ、と語っている。鉱物は許容範囲のようだ。「人工的」に造られ、増殖の意思のない、また粘液質でもない、整序された「物質」には抵抗感が少なかったようである。

▼『嘔吐』の世界

吐き気、私はそれこそが人間にとっての存在の味だし、……全的に解放された社会においても同様だろうと思うのだ。

『サルトル小説集』より

一九七二年、サルトル研究者たちに語った、六十七歳のサルトルの発言。生涯活力に溢れ、明るく、肯定的な思想家として一般に知られたサルトルにおける「二重底」のうち、本音の底に持っていた、人間存在に対する暗いヴィジョンを示すような発言である。それはまた、サルトルが自分の著作でも言及していた、神なき人間の運命のようなものを感じさせる。

このヴィジョンを最も直接的に示す作品は、『嘔吐』だが、二十二歳のときの「ある敗北」でも、同様に「存在に対する嫌悪感」が描かれる。それは世界に対する「感覚的な」恐怖である。これに対して三十二歳のサルトルが描き出した『嘔吐』では、恐ろしい世界の「構造」自体に、知が踏み込んでいる。マロニエの醜怪な根を前にして、主人公のロカンタンは吐き気の原因に思い至る。それが「偶然性」であった。

この世界も自己も、何ら絶対的なものではない。ただそこに意味もなく、あるいは絶望的に放り出されてあるものにすぎない——このような存在の偶然性に気づく時、一切のものは必然と意味との根を断ち切られ、果てもなく墜落する。宇宙の奈落へ、あるいは寂寥感漂う無の場所へ。世界も自己も完璧に無意味なものであり、それらを構成する「存在」は、その本質において気味の悪い汚物でしかない。こうした認識ほど暗く凄まじいものはあるまい。

思想家としてのサルトルは、戦後に始まる後半の人生で、人間世界の全貌を解明すべく努力を続けた。また人間を、あらゆる困難を乗り越えていく積極的な存在として打ち出した。そのため、『嘔吐』の世界が描く偶然性や吐き気に、サルトルが再び言及することはなかった。

しかし引用文を見ると、『嘔吐』から三十五年を経たサルトルの根本的な存在観が、『嘔吐』のころと変わったようには思われない。どのように社会が変わり、収奪も圧制もない世界になったとしても、二重底の下で息づく鋭敏な感性には、「存在」の原始的な姿は、正視に堪えない膨大な汚物の堆積と、その前に意味もなく放り出された人間なのであろう。ただそれは、神を失い、それによって自らの根拠も失った現代の人間の、普遍的な姿を映し出しているだけなのかも知れない。

▼争いの原因は「稀少性」

一切の人間的出来事は——すくなくとも今までは——稀少性にたいする灼熱的な闘争だった

『弁証法的理性批判 I』より

「稀少性」とは、人間が生きるために必要とする食料などの物質が、人類の誕生以来つねに少なすぎることを意味する。『弁証法的理性批判』で、自然界の根本的かつ最大の条件として、サルトルが提出しているものである。

この稀少性は、つねに人間に実践（意図的な労働）を促し、衣食住の調達に始まって、集団の結成、さらには社会の形成にまで人間を導くものである。その意味では、人間を人間たらしめるものと言えなくもない。しかしまた一方、物質的自然が、人の欲望に対してつねに過少であることは、人間を他の動物と敵対させるだけでなく、人間同士の戦いももたらす。

しかも敵としての人間は、自然界でもっとも怖ろしいものだ、とサルトルは語る。なぜなら、相手の意図を察知した上でその裏をかくことができ、また目標物を相手より巧みに奪うのでなく、はじめから競争相手の殺害を目的として攻撃を仕掛けてくるものは、人間をおいてほかにないからである。巨大な獣から極微のバクテリアまでを含め、これほど怖ろしい敵は自然界にはいない。

こうした稀少性の相のもとに展開してきた人間の歴史は、血塗られた闘争の連続となり、欲望が渦巻く世界では、「他者」は恐怖の相を伴ってしか現われることはない。しかもその「恐怖の他者像」は、稀少性が存在していない領域にまで広がり、他者は現われさえすれば、ただちに敵であるとみなされ、攻撃の対象となってしまう。

まさにここには、「地獄とは他人」（二七頁参照）という事態が現出しているが、初期とは違って、『弁証法的理性批判』では、その敵対性を人間の本源の姿とはせず、稀少性によるものとサルトルは捉えている。他者を殺害するほど残酷極まりない「非人間性」は、稀少性の生み出した不気味な他者、つまり恐怖の影法師という「反人間」像から生まれると考えるのである。

▼弁証法を再活性化する

マルクス以来、弁証法的思考は、自己自身よりも、その対象物について専念してきた。

『方法の問題』より

弁証法とは、ヘーゲルの説いたことで有名な、物事の発展の論理である。人がはじめに持っている認識は、自分とは異なる見方と出会い、それを取り込むことで、より高次の、より正しい認識へと発展していく。認識の原理である弁証法は、同時に物質の、また集団の力学の論理でもあり、世界が矛盾・対立の中で不断の運動・生成・発展を遂げていくという、存在の法則としての性格も持つ。

サルトルは『弁証法的理性批判』において、マルクス主義を歴史解読の基本にすえている。このマルクス主義は弁証法を、自然、社会、そして思考における運動法則の科学と捉えている。しかしながらサルトルは、現実のマルクス主義は、引用文のように、弁証法を「物」の質的発展の法則のみに限定してしまい、人間の生き生きとした知を示すものではない、と批判する。

本来のマルクス主義は、弁証法的思考によって、さまざまに生起する歴史的事象を解釈し、それを適切な行動につなげ、自由で平等な社会への道を切り開くべく活動するはずである。しかし現実には、「唯物史観」という既定のセオリーが用意され、しかも時々刻々生起する事象をそのセオリーでどう捉えるかという「解釈権」は、マルクス主義政党幹部に独占されている。

サルトルは、マルクス主義は停滞してしまったと断ずる。具体的思考とは、実践から生まれて、その意味を解明するために再び実践に戻るものなのに、党の指導者たちは知の自由を恐れ、これを許さない。こうして自由な知は凝固し、マルクス主義は絶対的観念論となる。

この文脈から、サルトルの有名な「反革命的地層」のエピソードが生まれる。すなわち、ハンガリーの共産党幹部にとって、ブダペスト市には地下鉄が是非とも必要だ。それは存在する必然性がある。それでももし、ブダペストの地層がその建設を邪魔するのであれば、それはその地層が「反革命的」であると断罪されることになる、というのである。

これは党の観念論への強烈な皮肉である。反革命との断罪が地層であるうちはいいが、党の意思に逆らったとして、どれだけの人々が断罪されたか。日々変化するあらゆる現実の出来事を、たくましい知が自由に解釈するどころか、幹部の意に染まない人間は、ブダペストの地層のように、「反革命」の汚名を着せられ、粛清が繰り返された。

共産圏では、党幹部が一切を決定する。その意を受けた学者たちも、経験の中の真実には目をつぶり、都合のよい事例だけを解釈することで、遠い革命のために働いていると信じている。そうした現実に対するサルトルの批判が、引用文の背景にある。

『弁証法的理性批判』の役割は、弁証法そのものである理性の働きにあらためて光をあて、実存主義によってマルクス主義に新しい血を流し込み、知の再活性化を図るものであると、サルトルは考えていた。

▼認識から実践へ

認識とは、たとえそれが最も初歩的なものであっても、実践の一契機である。

『方法の問題』より

実践（プラクシス）とは、人間が意図的に自然、他者、社会などの外部に働きかけて、それを変えようとすることを指す。その最も原始的なものは、食べ物を得、物を作り出す労働である。サルトル後期の『弁証法的理性批判』は、前期の『存在と無』とは異なる視点から、人間世界の一切を原理的に説明しようとした、脂ののりきった五十五歳のときの作品である。この大著の核心こそが、本書を通じて頻出する「実践」なのである。

実践は、マルクス主義で強調される用語だが、『弁証法的理性批判』での意味合いは、実存主義的な「主体性」、あるいは「投企」、さらには「自由」がこの語の中に流れ入り、もとのニュアンスを保持している。個人的実践こそが世界の原点であり、人間は目の前の物質や環境に主体的に関わり、それらを改変し、乗り越えながら、世界を動かし、歴史を進めていく。

『存在と無』では世界を見晴るかす王者のような存在だった「認識」もまた、この「実践」の中に取り込まれる。前著での「認識」は、明澄な光のもとに世界を照らし出し、その知によって一切をわがものとしていくものであった。こうした認識の絶対性がひたすら追求されていた時代から十七年を経た『弁証法的理性批判』では、「実践」という行為——物を作り出し、行動を起こし、現実を変化させる行為の役割が、前面に躍り出る。

それは、知を限りなく拡大させることを求め続けたサルトルの幼い日からの夢が、戦後の厳しい現実世界と直接接触する中で醒め、世界をひたすら知るだけではなく、人の手で変えることこそが問題となっていったからであろう。

新たに世界の原点となった「実践」とは、人の頭の中にある観念（意識）が、労働・行動を通してこの世界に実現することである。この「現実化」により、意識は目に見え、手にふれる「物」となって、他者にも自己にもはっきりと認識できるようになる。このように、認識は物質化の道を通らなければ世界を動かせない、とサルトルは考えるようになる。

こうして認識は実践に吸収され、実践（投企）は物質化することで、意識であった時の軽やかさを失うが、代わりに存在として自立することになる。つまりここで、意識が物に、対自がいわば即自化しているのである。

逆に、かつてあれほどサルトルが重要視していた「認識」への評価の変貌には驚かされる。人の頭蓋の中に「観念」という形で存在しているものには何ほどの価値もなく、すべて物になり、形を持ち、人の目に捉えられ、客観的に存在するようになって初めて人を動かし、世界を前進させる有効なものとなる。このようなリアリスティックな発想にサルトルが到達したということは、この間十七年の活動の労苦を想像すべきなのであろう。

こうして『存在と無』のキーワード「意識」は後方に退き、その働きであった「認識」は実践の一契機に格下げされる。社会性を持つものにしか、実体性が認められなくなった。ただし、「実践」の中に、サルトルが生涯こだわり続けた「自由」が、そっくりそのまま息づいていることはもちろんではあった。

▼意識の本領は「乗り越え」

人間は先行する現実の諸条件……の基盤のうえに歴史をつくるものであるが、しかしその歴史をつくるものは彼ら人間であり先行する諸条件ではない。……人間の実践の運動はこれらの条件を保有しながらそれをのりこえて行くものなのである。

『方法の問題』より

乗り越える（dépasser）とは、人間が否応なしに外部から与えられる諸条件と向き合い、それを克服することで、未来に向けて自分の自由を実現していくことを意味する。

この世に生まれ出た一個の自由な意識、しかしその前には、圧倒的な「外部」がさまざまな困難を突きつけてくる。そもそも世界の本質は、人間の生存を脅かし、生きていくことを困難にする「稀少性」なのだから。立ちふさがり、圧迫し、または眼差しによってこちらを見据え、攻撃してくる外部。しかし自由な意識はあらゆる困難を克服し、前進を続ける。「乗り越え」こそが、意識の本領であるからだ。

こうした考えを背景に、『存在と無』『実存主義とは何か』『弁証法的理性批判』のキーワードは、一本の線で結ばれる。すなわち自由、投企、実践、乗り越えは、みな同じ方向を向いた言葉であり、「自由な意識の主体性」そのものなのである。

冒頭の引用は、教条的マルクス主義が主張するような「社会的諸条件が歴史を造り出していく」という考え方を斥けている。もしそうであるならば、人間とは、世界を支配する非人間的な諸力の単なる伝達の道具になってしまう。サルトルは、そうした条件の厳然たる存在を認めた上で、にもかかわらず歴史を造っていくものは、人間の自由、人間の主体性であることを力強く宣言するのである。

ついでに言えば、レヴィ＝ストロースらの構造主義は、構造こそがすべてを決定すると考え、『弁証法的理性批判』を中心とするサルトルの主体性の哲学こそを最も激しく攻撃した。

▼真理の全体化作用

一個の真理とも呼ぶべきものが人間学のうちに存在することができるはずであるとすれば、それは全体化作用となったはずである

『方法の問題』より

「全体化」は、後期サルトルのキーワードの一つ。個別の事件や事柄を、それだけとして分析していくのではなく、他との関係の中で、さらには全体との関わりの中で理解していく態度を意味する。実際には、「統合化」、「共通認識化」などのような意味で使われることが多い。

「全体化」が大きな問題となるのは、サルトルが、歴史は単体として捉えうるものなのか、つまり歴史にはたった一つだけの意味（＝真実の姿）があるのかどうかを問うことで、『弁証法的理性批判』という巨大なスケールの仕事を始めたからである。

そもそもこの世界では相対性が跋扈している。個々人の認識がそれぞれに異なり、数限りない見取り図のあるこの世界では、それこそ人の数だけ異なる世界認識、歴史認識があると言われるだろう。にもかかわらずサルトルは、人間について一つの真理が存在し、歴史には真実の姿があると考

える。

その理由としてサルトルが提出する回答が、弁証法が生み出す「全体化作用」なのである。真理が存在すれば必ず全体化作用を起こす。人間の知のシステムは、否定の否定を重ねて、より高次の認識に進む弁証法に則っている以上、真理はそれが真理である限り、必ず一人の人間の認識にはとどまらず、万人に広まり、普遍化することになる。したがって世界全体について真理は一つ、つまり歴史はただ一つの意味を持つようになるというのである。

サルトルにとって人間の活動とは、個人的実践に出発し、さまざまな障害を乗り越えながらすべての実践を統合し、巨大な歴史を創造していく全体化活動の歩みなのである。

▼惰性態の壁

実践的＝惰性的分野……この暴力と暗闇と魔法との場所が……われわれをとりかこみ、われわれを条件づけている

『弁証法的理性批判 Ⅰ』より

実践的＝惰性態とは、人間の自由が生み出す「実践」と、物の性質である「惰性」が合成された語。文字通り、人間の自由な実践の結果、意図に反して現われた惰性的な、生産物の集積、組織、制度などを指す。また、同様に惰性的状態に陥っている集合状態の人間のことでもある。それは簡単に言いかえれば、疎外された社会と人間のこと。つまり、人間自らが作り出した膨大な物質、それを操る組織、それら全体を枠づける制度などの「もの・こと」の側と、それに取り囲まれた「ひと」の側のいずれもが、活性を失い、惰性的になっている状態を指す。しかもそれは、歴史におけるほとんどすべての社会と人間の姿である。

人間の意識は、自由な実践を通して物に姿を変え、物質化し、現実化するが、それはまた、固定化され、社会化されるということでもある。しかもこの現実化の過程では、必ず物質の力学、他者

の力学の影響を受け、実践者の純粋な意図からはズレて実現されざるを得ない。ヘーゲルのいわゆる「疎外」である。サルトルはこの疎外論の延長線上に、「実践的＝惰性態」という概念を登場させる。

実践的＝惰性態は、本来は消費物や道具などの「加工された物質」という意味から出発していようが、それらを集積的に複合する組織や制度も生まれ、また物と同様に活性を失った人間の集合にも適用されるに至って、はるかに大きな概念となる。

すなわち、実践の結果、本来個人のために生まれたはずのものなのに、それらが社会的生産となる運命の中で、組織化され社会化された「物」と「人間」のネットワークが、実践的＝惰性態となり、人間の前に巨大な壁となって立ちはだかる。サルトルは、都市は実践的＝惰性態そのものだと言う。この領域は弁証法が働かず、惰性が支配する日常社会である。サルトルはこの無力さを打ち破り、再活性化させるエネルギーあふれる形態を、「集団」の中に見る。

『弁証法的理性批判』全体の構図を見れば、最初の「個人的実践」は、弁証法が自在にはたらく分野である。それが固定化する中で形成された「実践的＝惰性態」は、弁証法のはたらかない世界となる。それを打破するものとして、「集団」が立ち現われるのである。フランス革命でバスチーユ牢獄の解放を迫る「溶融集団」のエネルギーの中に、サルトルは弁証法の躍動する「集団」の典型を見ている。

▼ 神なき哲学を目指す

無神論の大哲学が哲学には欠けている……物質的世界の中で、人間の哲学をつくること。

『別れの儀式』より

サルトルはラ・ロシェルでのリセ時代、十二歳で信仰を失った。以来終生、この問題を考え直したことはないという。私たち日本人と違って、キリスト教が支配する西欧の人間にとっては、信仰は思索上の非常に大きな問題となる。

サルトルが哲学を志したのは、パリでのリセの後期からで、彼が望んだのは、自分自身の存在と神のいないこの世界とを説明する哲学を打ち立てることだった。それは、当時の彼には斬新な学に思えた。なぜなら、無神論者による哲学は少なかったのだ。デカルトにせよ、スピノザ、カントにせよ、あるいはヘーゲル、ヤスパースにせよ、大きな仕事をした哲学者はそのほとんどが、何ほどかの意味で信仰者だったからである。

サルトルによれば、神を問題にしないような状況にあっても、西欧人の意識には、抜き難く神の

「視線」が残っているという。彼らは事物について語る時、あたかも事物に漠然とした意識があるかのように表現することが多い。このように事物に意識を「付与」するのは、つまりは事物を見ている神の視線を、そこに想定しているからだとサルトルは考える。現在では一般に薄れてきている神への意識であるが、絶えず何らかの形で蘇ろう、事物のうちに滑り込もうとしている、という。『存在と無』に代表されるサルトルの哲学が、引用文のように、「物質的世界の中で人間の哲学をつくる」ことを目指したのは、神の痕跡を一掃しようとしたからであった。存在を即自（物）と対自（意識）の二つだけに絞り、両者のダイナミズムによって、明晰にまた明確に世界の一切を説明しようとしたのである。

サルトルは神を排除した思考によってこそ、真に人間の自由を確認でき、またそれを純粋化できるとする。なぜならこの自由は、神から要請されたものを神に捧げるためではなく、人間が自分自身を創造するため、また自分が望むものを自分自身に与えるためのものだからである。自身の生も、神に何一つ負わずに生き通せたと、晩年のサルトルは振り返っている。

IV

他者の顔

——サルトルの思考3

サルトル思想の最大の業績には、「自由」と並んで「他者」に関する思考もあげられる。いかなる時も、私は他人から見つめられている。それはなぜか？　意識に潜む秘やかな「眼差し」。その恐るべき力が、フッサールの「志向性」を出発点に、ハイデガーの「気遣い」「世界内存在」に引き継がれ、さらにサルトルの「眼差し」「対他存在」の理論を生む。

二十世紀の現象学運動を背景に、彼の他者論は、愛・相剋・性など、人間の深部を抉る、オリジナルな理論を形成する。

▼他者の眼差し

いかなる瞬間にも、他者は、私にまなざしを向けている。

『存在と無 Ⅱ』より

デカルトに始まる近代哲学、そこでの「私」の発見は、「他者」の発見につながった。他者はもう一人の「考える私」だからだ。サルトルにおいても他者は重要なテーマとなり、『存在と無』全体の三分の一を占める。ここで展開された他者論は、それまでの哲学的伝統にないほど深刻なものであり、大きな反響を呼ぶ。

他者は、私が認識する世界の中の対象の一つとは違う。他者のいない世界では、万物は私の意識から距離をおいたその先で、それぞれの位置を占める。逆に、世界のあらゆる存在が、私を目指してベクトルを向けているともいえる。私は世界の中心であり、球状の宇宙の主である。

しかしその光景の中に他者が出現した瞬間、様相は一変する。他者もまた、私と同じ特権を持った存在であり、彼を中心にして同様の世界が繰り広げられていることを、私は認めざるを得ないからだ。完璧な球状の私の宇宙にひびが入り、他者によって開けられたその孔《あな》を通して、私の世界は絶えず流出する。

この他者の主観性を端的に示すものが、「眼差し」である。眼差しの経験を通して、人は他者の主観性を直接体験することになる。さらにこの眼差しが私に向けられる時、私は捕えられ、射すくめられ、凝固させられる。それが、有名な「メドゥーサの眼差し」によって人間が石化する神話の意味するものである。

「眼差し」とは普通、視覚器官としての二つの眼球を意味するように思われているが、必ずしもそうとは限らない。敵前を匍匐《ほふく》前進していく兵士たちにとって、避けねばならない眼差しとは、丘の上の一軒の農家である。農家はそれだけですでに「眼」であるのだ。つまり眼とはこの場合、「主観としての他者」なのである。

冒頭の引用文は、人間が原理的に常に眼差しにさらされていることを意味する。人間は世界という、関係のネットワークの中に生きる存在であるから、他者の眼差しの中で生きることを運命づけられているのである。

▼捉えきれない対他存在

〔対他〕存在は、私の自由の限界であり、……いわば私の持ち歩いている一つの荷物として、私に与えられていながら、私は決してそれを認識するためにその方へ向き直ることができないし、その重さを感じることさえできない。

『存在と無 Ⅱ』より

対他存在とは、「他者に対する存在」という意味であり、「他者に捉えられる限りでの私の存在」「他者の眼差しに映し出された私」を指す。人間存在とは対自存在のことであったが、実はこの世界の中ではそれだけではなく、同時に対他存在でもある。私は自分にとっては主体そのものであるが、しかも他者にとっては客体として現われる。この対象化された私が対他存在であり、この対他存在において、私が気遣うのは私自身のことであるのに、しかもそれは私にとってのものではない。

対他存在は、私であって私ではないという意味で、影にたとえられることがある。しかし影なら、他者に捉えられている姿と同じものを、私も捉えることができる。けれども私は、私の対他存在を、ついに捉えることができないのである。

サルトルは対他存在を明快に示す例として、羞恥をあげる。私の前に鍵穴がある。私は好奇心に駆られてその穴を覗き込む。穴の向こうには驚くべき光景が展開している。私が我を忘れているその時だ。突然後ろで物音がする。誰かいる。私は無様な格好を見られているのである。たちまち私は脳天から爪先までを駆け巡る戦慄に襲われる。私は羞恥そのものとなってそこに立ち尽くす。その時の他者の目に映った情けない私の姿が、対他存在そのものなのである。羞恥とは、他者の前における、自己についての羞恥である。羞恥とは、私が対他存在を体験するときの感情なのである。

通常でも私は、醜いとか猫背だとか、あるいは竹を割ったような気性だとか、さまざまに私の対他存在について言及される。しかし他者の眼差しのうちにあるこの存在を、ついに私が実感するには至らない。自分のものであって自分のものでない、この対他存在を奪い、また取り戻すべく、他者と私との熾烈な闘争が、果てしなく続くことになるのである。

意識個体相互間の関係の本質は、共同存在ではなくて、相剋である。

『存在と無 Ⅱ』より

平たく表現すれば、「人間同士は決して仲よくできず、敵対ばかりしている」ということである。これは、『存在と無』における決定的な認識である。しかし、こうした人間同士の根源的、絶対的な敵対性は、戦後、ポジティヴな哲学である実存主義を唱えたサルトルにとって、大きな問題となった。

他者の鋭い眼差しは、私を物と同じように対象化してしまう。自由な他者は、私を対他存在のかたちで捉える。鍵穴を覗いている私。醜い容貌の私。私は自分の対他存在に関与することができないし、その内容を知ることさえできない。自由なはずの私は、そこでいわば奴隷のような状態に置かれる。私が、自分ではいくら自由に振る舞っているつもりでも、他者の眼差しの前では、机の上のインク壺と同じである。私は椅子の上に乗っている肉体にすぎない。

こうした物としての私、奴隷状態としての私を拒否しようとすれば、私は「他者に対する主観としての私」として立ち上がり、逆に他者を物同様の対象としてしまうしかない。しかしこの戦いには果てしがない。見つめられたあと見つめ返す。電車で向かい合わせの席の乗客同士が、睨み合っているようなものである。

　もしこの眼差しの戦いに休息があるとすれば、次のような二つの場合である。一つは、電車の窓外に富士山が見えたり事故があったりで、乗客の目がいっせいにそちらに釘付けになり、「共同主観としてのわれわれ」の状態になった時である。もう一つは、この電車がテロリストに乗っ取られ、彼らの銃の下でみなが射殺の恐怖に怯《おび》え、「共同対象としてのわれわれ」の状態になった時である。それらの場合には、乗客同士の眼差しの戦いはなくなっている。

　しかし冒頭の引用にあるように、主観同士がそのような「共同存在」となる状況は一時的なものであり、人間関係の本質が眼差しの相剋であることは避けがたいというのが、『存在と無』の結論であった。

▼愛の要求

「愛する」とは、その本質において、「愛してもらおうとする企て」である。

『存在と無 Ⅱ』より

『存在と無』は、人間関係の本質を「眼差しの相剋」であるとし、人間同士は常に互いに、眼差しによって相手を「超越するか」「超越されるか」の関係にあるとする。それはつまり両者が、優位・劣位、あるいは主・従の関係をめぐって争っていることを意味する。すると私には、他者に対してどのように振る舞う選択肢があるのか。

サルトルが「他者に対する第一の態度」としてあげるものが、眼差しによって私を超越する他者を、その自由なまま私に吸収してしまおうとする試みである。この「第一の態度」の代表的なものが「愛」である、という。

愛においては、私は相手をとりこにしようとする。しかしたとえば、プルーストの長編小説『失われた時を求めて』の主人公マルセルは、愛人アルベルチーヌを自宅に閉じ込めるが、にもかかわらず、かえって彼は不安にさいなまれる。アルベルチーヌはマルセルの傍らにいる時でさえも、自由な意識によってマルセルから、またこの家から逃れ出てしまうからだ。

一方、私が美しいロボットを造り、身も心も私に捧げさせたとしよう。しかし私は決して満足できないであろう。なぜならこの美女ロボットの行動は、どれだけ愛情にみちたものであったとしても、すべて私のプログラムに従っているだけだからである。愛において私は、他者の意識が自由にまた主体的に、私を愛するようになることを要求しているのである。

「愛されようとする企て」は、さらにエスカレートする。「私たちはお互いのために造られていた」という決まり文句があるが、これは恋する当人たちにとっては真率な感情である。何人かの候補の中から、よりマシな相手を選んだ結果なら、それは恋ではないだろう。恋する人が相手に要求するのは、相手が自分を「絶対的なもの」として選んだということである。そうであればこそ、自らの存在の偶然性が消去され、「理由づけられて存在していることを感じる」という愛の喜びに浸ることができる。

しかしサルトルは皮肉にも、その愛が解体する危険性にも言及する。意識は、常に相手を単なる一対象として眺め直す可能性を持っている、というわけである。この「愛」を含む「他者に対する第一の態度」は、他者の自由に働きかけるものであり、ほかに他者を魅惑し動かそうとする「言語」、他者の主観の中に自らを失おうとする「マゾヒズム」があげられている。

▼性的欲望の分析

性欲は、誕生とともにあらわれ、死とともにようやく消失する

『存在と無 Ⅱ』より

『存在と無』には、「存在論の冒険」ともいえる記述があちこちに見られる。性的欲望の哲学的分析もその一つであろう。

人間関係の本質を、「眼差しの相剋」と捉える前期サルトルの立場からは、これまで述べたように、人は互いに他を超越するか、超越されるか（主か従か）の、いずれかを選択せざるを得ない。その場合、人がどう振る舞うかの選択肢として、前項の「愛」のように、超越される方をあえて採ろうとする「第一の態度」に続くもう一つが、「他者に対する第二の態度」である。その代表的なものとしてサルトルは、「性的欲望」をあげている。

「第一の態度」が、いわば相手の眼差しをこちらに取り込み、やりすごす方法であるとすれば、「第二の態度」はこちらから相手へと眼差しを向け返し、「見つめられる私」を消し去るとともに、相手をこそ「見つめられる存在」におとしめようとする試みである。中でも性的欲望は、他者を

「物」にしてしまい、その自由を奪い取ろうとする積極的な試みである。

他者はそこに裸で横たわっている。性的欲望を抱いた人は、相手の身体から衣服とともにその運動をも取り去り、この身体から主体性をすっかり奪うことで、単なる「肉体」にしてしまうことを目指す。性的欲望の発現の際に、恋人たちがしばしば行なう愛撫は、そのための一つの手段である。他者の意識や自由を、その「身体」の中にいわば「滲み込ませる」ことで、他者の意識が息づく「肉体」に変え、わが掌《てのひら》の下で私のものにしようとする行為である。

それまで一般に性的欲望は、人間にとって「添え物」、性的器官の快楽の問題にすぎないと考えられてきた。だからこそ、哲学は性欲の問題に本気で取り組んでこなかったし、実存哲学の場合も同様である、とサルトルは言う。しかし、性生活というシリアスな主題が、人間にとって派生的な問題であるはずがない。なぜなら、性的器官の未発達な幼児、反対に衰退した老人、あるいはそれを失った宦官においても、性的欲望は厳然として存在しているからである。

それゆえにこそこの欲望は、人間の誕生から死までを一貫する存在論的な、また本質的な重要事であるとして、サルトルは「対他存在」の中で分析を精力的に進める。この「性的欲望」が含まれる「他者に対する第二の態度」は、他者を「物」に変えて働きかけるものであるが、ほかに、他者をまったく存在しないものとみなす「無関心」、暴力によって他者を単なる肉体におとしめて支配する「サディズム」が含まれている。

サディズムとマゾヒズムは、性的欲望の二つの暗礁である。

『存在と無　Ⅱ』より

一般に異性を虐待することで快感を得る性的倒錯をサディズム、同様に虐待される倒錯をマゾヒズムという。これら性的関係の極端な姿についても、サルトルは存在論的分析を進める。それらもまた、眼差しの相剋にまつわる「他者に対する二つの態度」の極限の姿だと考えるのである。

まず、前項までで述べたように、他者は私の対他存在を捕えることで、私を「所有」してしまう。それを取り戻そうとする戦いが、対人関係における相剋の本質なのだ。

戦いの第一の方法が、他者の眼差しを自由にしたままで私に吸収しようとする、「他者に対する第一の態度」である。その代表例として、すでに「愛」をあげた。しかし愛は、他者が魅惑から目覚め、幻滅することが常に可能であることなどによって、もともと失われやすい性質を持つ。その愛の挫折に続く試み、その行きついた姿としてサルトルが示すものが、マゾヒズムなのである。

マゾヒズムは、私が自分の主観性をあえて否定し、私自身を他者から見つめられる「物」（身体）

に変え、他者の主観性のうちに私を吸収してもらおうとする企てである。私は「対象としての自己」そのものとなり、他者のうちに安らう。しかも単なる対象たることを羞恥のうちに体験し、その羞恥を私の対象性の深い印として快感を覚えるのである。その際、私の主観性は「無」と化し、逆に他者の主観性の深淵に対してめまいを覚える。

一方、こちらから他者を見据えようとする「他者に対する第二の態度」のうち、その代表例としてすでに性的欲望をあげた。サディズムとは、この性的欲望が、なお存続する他者の主観性を超越しきれなかった果てに到達する行為である。サディズムでは、暴力によって他者を「肉体」（意識がその中に「浸透」して息づく身体）に変え、それを通して他者を捕えようとする。そしてこの状態を他者に実感させるため、その肉体を道具として利用する。サディズムはまた、肉体に囚われている他者の眼前で、それを思うがままに取り扱う権力を享受する。しかしサディストが恐るべき執念を持って追い求め続けるものは、それでもなお捕えきれない他者の自由なのである。

このように、眼差しによる支配・服従の関係は、互いの主観と客観（対他存在）を巡って戦い続け、果てることがない。他者の存在している世界へ、私が出現すること自体が原罪なのだとさえ、サルトルは述べている。

あらゆる人間関係の基礎そのものである相互性

『弁証法的理性批判 Ⅰ』より

「相互性」とは、人間が互いを同じ人間として認識しあっている関係のこと。『弁証法的理性批判』で、サルトルが人間関係の根本として提示しているものである。このことが特に問題となるのは、これに先立つ前期の『存在と無』でサルトルは、人間関係の根本を「眼差しの相剋」、つまり人間同士の果てしない戦いとして示しており、「同じ人間として認めあう」とは大いにニュアンスを異にしていたからである。

では、『存在と無』から十七年を経た後期サルトルでは、その人間観は一変したのだろうか？「相剋」の代わりにサルトルが提出してきた「相互性」という言葉は一見、人間同士の相互承認、平和な共同性を示すように見える。

戦争以来、未来を社会主義社会に託そうと考え、また実存主義を唱道してポジティヴな哲学を示す任務を負ったサルトルにとって、人間主体間に「眼差しの相剋」という絶対的な暗部があるという『存在と無』の図式は、変更する必要があった。

ところで、後期サルトルが代わりに提出した「相互性」は、なかなか微妙なものを持つ概念である。サルトル自身も、相互性には共同の企てにつながる「肯定的」なものと、闘争となる「否定的」なものとがあると認めている。

サルトルがこの『弁証法的理性批判』で強く打ち出したのは、歴史を創っていく人間の力強い実践であった。つまり、人間の原点、人間を人間たらしめるものは個人的実践であり、具体的には労働による消費対象、用具あるいは商品などの生産となる。この時、自己だけでなく他者もまた、実践を達成するための「手段」に過ぎなくなるのはやむを得ないという。そのために他者の排除、殺戮ということも発生するのである、と。

つまり『存在と無』のように、根源的にあらかじめ眼差しの相剋があるとするネガティヴな主張は姿を消し、他者への敵意は決して「目的」ではないとされる。しかし、自己および他者がともに実践遂行のための「手段」になる以上、他者をだまし、排除し、敵対する相剋もまた、当然に起きてくる。まして「稀少性」が絶対的に支配する自然界である。他者が私の実践を妨害し、生存すら脅かす怖ろしい影法師のような「非人間」として現われてくることもまた、当然であるのだ。

つまり、歴史的条件を外した「純粋な相互性」においては、他者は私と同じものと認知されるはずであるが、稀少性によって「変様された相互性」においては、その同じ人間が、殺意をもって攻撃してくる暗い「他者」として現われるというのである。

こうして人間の「相互性」は、眼差しの相剋というネガティヴな人間関係の打開のために構想されたのであろうが、『弁証法的理性批判』では、稀少性の支配する現実のこの世界では、他者への敵意は目的として存在するわけではないにせよ、実践をするための手段である、という形で残存した。人間同士の平和で融和的な関係を展望することは、サルトルの存在論からは、ついにできなかったのである。

▼孤立する集列体

サン・ジェルマン広場に何人かの人々の群がいる。彼らは教会前の停留所でバスを待っているのだ。……〔彼らのつくる集列体は〕ただ集まっているだけの大都会の住民の性格である孤独、相互性、外的画一化（また外的量化）等の関係を日常的平凡さのうちに実現している。

『弁証法的理性批判 Ⅰ』より

引用文は、サン・ジェルマン広場でバスを待つ人々の、物の集合のように孤立した姿、すなわち「集列体（集合態）」を描写するシーンである。

このシーンを含む『弁証法的理性批判』は、人間の誕生から歴史の果てまでを展望しようとする作品だが、その全体は、大きく三つのステップに分かれる。第一段階は、弁証法が自在に発動する個人的実践の場。続く第二段階では、その実践の結果生まれた「加工された物質」「組織」「集合態としての人間」などが、巨大な実践的＝惰性態を形成する。ここでは弁証法が作動しない。第三段

階に至ると、活性化された集団的実践によって事態が大きく動き、弁証法が再点火され、歴史が再び前進を始める。

集列体（集合態）とは、この第二段階の人間の集まりのことであり、その典型的な例としてバスを待つ乗客たちがあげられている。ここには、そもそもが個人的実践から生み出された、運行するバス、行き先の表示された停留所、車の行き交う道路、そして人々を運ぶ運行システムと、そこに組み込まれて列を作る集列体、すなわち互いに無関心な人々という、惰性そのものとなった集合が描き出されている。これらの人々の群の内部には「統一」は存在せず、彼らを遠くの建物の上から見ている私の目の中にしか、一つのまとまりを成していない。

集列体（集合態）は惰性的、受動的な存在であり、社会そのものを象徴している。集列体自らが次のステージを発動させることはない。ただし、この集列体をベースに誕生する、燃える組織である「集団」が歴史を動かし、またその集団の炎が消える前に集列体に戻ることもあるという意味で、集列体は集団の母胎ともいえるものである。

▼燃え上がる溶融集団

溶融状態の集団の本質的性格は、自由の突然の復活である。

『弁証法的理性批判 Ⅱ』より

『弁証法的理性批判』で、サルトルは人間の主体性に信頼を置き、人間の実践に焦点を当てて社会の形成、歴史の進展を解明しようとした。歴史展開の第一段階である個人的実践では、人が自分の身体を使い、自然に働きかけて、さまざまな物を作り出すことからはじまる。ところが、作り出された物の総体が、惰性にからめとられて弁証法が働かなくなっている状態が第二段階であり、実践的＝惰性態と表現される。このとき同様に惰性に陥った人間の集合が、集列体または集合態と呼ばれる。

集合態は活力を持たず、惰性に支配される日常社会領域の人間の集合である。サルトルは、この無気力を打ち破り、再活性化させる人間のエネルギッシュな行動を、『弁証法的理性批判』第二部の「集団から歴史へ」で提示する。それこそが、「集合態」から「溶融集団」への移り行きなのである。

描き出されるのはフランス革命。集合態にすぎなかったパリ市民は、国王軍による攻撃の恐怖と憤りの中で、一七八九年七月十四日、ついに立ち上がる。パリ全市の教会の鐘という鐘が打ち鳴らされる中、バスチーユ要塞に殺到する市民たちの姿こそが、「集団」発生の典型として活写されている。

これら熱い血をたぎらせた人々の集まりを、サルトルはとくに「溶融集団」と呼ぶ。いまだ構造化されず、組織としても未成立ではあるが、誰もがリーダーとなり得、またいつでもリーダーが一成員に戻り得る、柔軟な燃える集団である。この溶融集団こそ、集団の弁証法にとって最初の、また最も重要な契機となるものである。

この溶融状態が発生すると、実践的＝惰性態が解体し、集合態の内部では、それまで窒息していた自由が突然復活する。サルトルは、権力が固定されないこの溶融集団の中にこそ、自由＝主体＝共同が一体となった、人間の実践の幸福な瞬間、究極の姿を見ていたようである。

このエネルギーによって、実践的＝惰性態の象徴であったブルボン王制が打ち倒される。ただし、この柔軟そのものの、自由の極限状態は永続するわけではなく、やがて求心力が弱まり、にもかかわらず集団性を維持しようとする努力の中で、組織的なさまざまな惰性が浸透し、やがて国家にまで至る道をたどることになるのである。

V

世界へ

——サルトルの思考4

私・存在・他者、を経たサルトルの思考は、世界全体へと広がる。時あたかも二十世紀前半、戦争と革命の時代だった。一切を破壊する戦争、人間を踏みにじる歴史。自由を守り、人間としての責任を引き受けるために、サルトルの知は激動する世界と対決し、政治参加の文学を選択する。

いつか人間たちが自分の足下に平伏するにちがいない

『奇妙な戦争』より

サルトルの生涯は、全世界に広がる名声に包まれた、華やかなものだった。しかし、彼が幼い頃から憧れた、「作家」としてのデビューは、十九歳のラディゲ、二十二歳のジッドなどに比べて、三十二歳と遅い。

「世界のサルトル」にも、世に認められない下積み時代があっただけでなく、さらにその前の少年期には「暗黒時代」もあったのだ。それは最愛の母が再婚し、義父の仕事で転居した地方都市でいじめられっ子として過ごした、十二歳からの「生涯最悪の三年」である。

この大西洋岸の港町ラ・ロシェルで、パリから転校してきた少年は、生意気だとなぶり者にされてしまう。冒頭の引用文は、その当時のサルトルの夢想を語るものである。今はどれほど孤立し、さげすまれていようと、いつか必ず自分に栄光の日が訪れるだろう。そういうサルトル少年が、ひたすらに頼り続けたものこそ「知ること」であり、それにもとづいて「書くこと」であった。

サルトルの一生を貫いた欲望は、「知」である。彼の生涯は、知のマシーンの永久運動以外の何ものでもなかった。一切を知り尽くすこと。世界のすべてを理解すること。彼だけが見出し得る世界の真実を、美しい文学作品、巧みな文章表現の中に閉じ込め、あの精巧な「壜《びん》の中の船」のように人々の前に提出すること。そのことに、彼の七十五年の生涯は費やされた。

もちろん、神ならぬ身であるから、一切を知るといっても、ポーカーをする相手の手札まで見通す、という意味ではない。世界の全構造を、形而上学的に、原理的に理解し尽くす、ということである。サルトルはこの行為を、戦中日記『奇妙な戦争』の中で「世界征服」と名づけているが、まさに若きサルトルが望んだものは「知による世界征服」であった。

しかもサルトルはそのために、実験室を使う連中の後ろに並ぶ必要などない、と考えていた。つまり、科学の力で、また集団で世界を解明することには興味がない。たった一人で、世界の一切を考え抜くこと。哲学という方法で世界を原理的に解明すること。それが自分の使命であると考えていた。サルトルの著述に生涯にわたって登場する「単独の人間」(homme seul) とは、孤独な、しかし全世界と対峙してそれを睥睨《へいげい》する、知的な人間のことなのである。

世界はなお解明されていない。そして世界は、単独の人間にその秘密をゆだねている。自分がなすべき仕事はたくさんあり、世界の一つ一つの事象に関する明晰な思考をつなぎ合わせていけば、最終的に世界を自分一人のもとに屈服させることができるだろう。——それが、戦中日記で彼が思い起こしていた、自分の若き日の確信だった。

その戦場も、カフェと同じくサルトルの仕事場であり、彼はなかなか攻めてこないドイツ軍の姿をはるかに空想しながら、一日中考え、書き、また読んでいた。そこで見つめられた世界と戦争と人間とについての思考が、四年後の『存在と無』、六年後の『自由への道』となって現われ、サルトルの世界的な名声を形作るのである。

▼捕虜収容所の経験

大戦前夜の狂暴な一時期を通じて、われわれは虐殺へとかり立てられていたのに、自分では〈平和〉の芝草の上を悠々と歩いているつもりだったのだ。

『シチュアシオン Ⅳ』より

戦後のサルトルは、世界各地で講演を行ない、またアメリカを被告としたラッセル法廷（イギリスの哲学者バートランド・ラッセルの呼びかけで開かれ、ベトナム戦争犯罪を裁いた）で裁判長を務めるなど、世界の典型的な著名人として行動した。そんなサルトルの仕事の大部分に、「政治」が大きな比重を占めている。超大国米ソの世界支配に対する非難、ＲＤＲ（民主革命連合）の設立、第三世界の独立支援などのほか、長編小説『自由への道』、『汚れた手』などの演劇、「スターリンの亡霊」などの評論、そのほか『レ・タン・モデルヌ』での多彩な活動など、戦後の仕事の多くに政治が関係している。

しかし戦前のサルトルは、自ら認めるように政治オンチで、平和ボケのエリートであった。日本人の多くが、戦後七十年もの間、この日本に攻めてくる国などあるまいと信じ続けてきたのと同じである。

戦前のサルトルは投票に行ったことがなかった。一九三六年、三十一歳の時に、有名な人民戦線内閣が誕生し国内が沸き立った時でさえも、無関心であった。一九三三年から翌年にかけて、留学先のドイツでナチスが独裁を強めても同様であった。ただし、エコール・ノルマルのエリート学生が、みなノンポリだったわけではない。親友のポール・ニザンは在学中にフランス共産党に入党し、レイモン・アロンも社会党員になっていた。しかしサルトル自身はなお「単独の人間」として、自分自身の自由の城に立てこもり、社会には何一つ負わず、また社会からどんな指図も受けないと、途方もなく大きな自信の中で安らっていた。

こうしたすべてが吹き飛んでしまったのは、一九三九年のある日、一枚の召集令状を受け取ったからだと、サルトルは「七〇歳の自画像」の中で述べている。その年九月一日、ドイツ帝国の全兵力の過半、五十七個師団の機械化されたナチス＝ドイツ軍が、いっせいにポーランドへ侵入、第二次世界大戦が始まったのである。「平和」は一瞬のうちに消えた。

サルトルは汽車に詰め込まれて、フランス東部ナンシーの兵営に送られ、東部戦線に配置される。「単独の人間」は突如、不可侵のはずの城を追われ、一兵卒として従軍する。やがて敗走するフランス軍の一員であった彼は、ドイツ軍に降伏、ドイツ国内に送られて、捕虜収容所に閉じ込められた。

サルトルは、絶対の価値を置いていた自由を奪われ、意識の有無と関係なく、自分が「社会的存在」であったことを思い知らされる。戦争は彼が三十四歳の時に始まり、四十歳の時に終わった。戦争の霧が晴れた時、彼は自分が政治に向いていないとしても、二度と自らの自由を蹂躙されないため、政治にコミットするしかないと思い定めていたのである。

冒頭の引用文は、大戦で戦死した親友ニザンをいたむ「ポール・ニザン」(『シチュアシオン Ⅳ』所収)からの一節である。

▼ 戦争の恐ろしい貌

戦争というものはいっさいを奪いとる。いっさいをひろいあげる。戦争はなに一つ、取り残さない。一つの思想も、一つの仕種《しぐさ》も取り残さない。だが誰一人、戦争を見ることはできないのだ。

『自由への道　第二部』より

引用は、サルトルが第二次世界大戦を真正面から捉え、戦争の実体を追究しようとした長編小説『自由への道』の一節である。小説全体の中でも特にこの第二部『猶予』は、戦争という、巨大なスケールを持ちながら、どのような定まった形もとらない怪物の面妖な貌《かお》を探った、文学史上に残る傑作である。

作品の背景をなしているのは、全ヨーロッパが戦争の不安に怯えた、一九三八年九月二十三日から三十日までの八日間。ナチス＝ドイツのチェコ領土割譲要求の強引さに押され、英仏は屈辱的なミュンヘン協定を結ぶ。これによってかろうじて、戦争は当座「回避」された。ただしそれは、一年遅れただけのことであったが。

『猶予』全編を覆う凄まじいカットバック手法の嵐は、ひたすら世界の同時性を強調し、逆にまた、同一時間に存立している「世界」というものを、膨大な数の人間の意識を動員し、小説空間として作り上げようとする試みである。登場人物は、ドイツ帝国総統ヒトラー、大英帝国首相チェンバレンなど大国の首脳から、マチウやブリュネら第一部『分別ざかり』にすでに登場したキャラクター、さらにはヨーロッパ各国の教師やバイオリニストや酔っ払いやら、途方もない数の人々である。

しかし、影の主役はまちがいなく「戦争」である。迫りくる戦争。多くの市民たちだけでなく、チェンバレンも、もしかするとヒトラーでさえ望んでいなかった戦争。にもかかわらずそれは、止められない重戦車のように迫ってくる。では、戦争はどこにあるのか？　人々の意識の中に。歴史はどこにあるのか？　億余の人々の行動の中に。

個々の意識や行動は私たちの目の前にあり、それを了解することができ、把握することもできる。しかしその総和としての戦争や歴史は、もはや誰の支配も受けず、しかもあらゆる意識や行動を刺し貫きながら、奇妙な怖ろしい貌をして、時間の暗闇の中を突き進んでいく。それは『猶予』のマチウがちらりと見たものであり、恐らくサルトルが見たと思ったものなのであろう。

襲ってきた戦争によってサルトルは、大地が足元から崩れていくように思われたという。ヒトラーの「大手品」は、ヨーロッパ最強を信じていたフランス陸軍を壊滅させ、サルトルたちは、ドイツ軍の破竹の進撃の前を、ひたすら潰走するだけであった。おびただしい死者、荒れ果てた国土。いっさいを奪い、いっさいを拾い、何一つ、誰一人取り残さない戦争。その巨大な力によって、人は愛する人から引き離され、自由も財産も家も職業も失って、死にさえ直面させられる。

戦争はサルトルの思考を一変させた。第二次大戦と捕虜生活とを経てパリに戻ってきたサルトルには、それまで平和のうちに学んできたことや書いてきたことのいっさいが、信用し難いものとなり、新たに政治と歴史を見据えた著作活動が始まる。ドイツ軍占領下で刊行された哲学書『存在と無』には、人間の根源的な自由の叫びが溢れ、戦後刊行された長編小説『自由への道』四部作では、戦争そのものが主題となった。そして人間の歴史を、その創り上げられていく原点から果てまでをも俯瞰しようとした哲学書『弁証法的理性批判』が出版されるのは、戦後十五年を経た一九六〇年のことであった。

▼アンガージュマンの提唱

社会参加の文学

『シチュアシオン Ⅱ』より

いわゆる「アンガージュマンの文学」について、一九四五年十月に発表された「『レ・タン・モデルヌ』創刊の辞」(『シチュアシオン Ⅱ』所収)の中で、サルトルはこの言葉を、〈あえて、また積極的に政治ないし社会に参加する文学〉の意味に使う。

作家は自分を、人類普遍の相を追究し、社会から超然とした存在だと考えたがる。しかしそれは幻想にすぎない。作家もまた、歴史に巻き込まれて生きているのが真実であり、自らの眼差しに映るものを正しく描くことにより、政治に、社会に参加せよと説く。

アンガージュマン文学の提唱は、この「『レ・タン・モデルヌ』創刊の辞」に始まり、翌月の「文学の国営化」、さらには翌々年の『文学とは何か』など、初期『レ・タン・モデルヌ』に掲載された彼の評論の一貫したテーマとなった。

『文学とは何か』の中でサルトルは、二つの大戦間に安逸の日々をむさぼった自分たちを断罪し、渦巻く戦争により大地が崩れる思いがしたと告白する。ヒトラーの野望と奸計《かんけい》が自分たちに教えたものは、歴史の巨大な力だった。すべての人間、すべての物はことごとく、奔流となった歴史の中に呑み込まれ、そこから逃れるすべはない。であるとすれば、作家もまた特権的であるという幻想を捨て、自らのペンをもってこの世界の瞞着を暴き、時代を表現する文学を提出すべきである、と。

初期『レ・タン・モデルヌ』を中心とする「アンガージュマン」の提唱はかなり狭義の「政治参加」を意味しており、例えば「『レ・タン・モデルヌ』創刊の辞」では、フローベールやゴンクールが、パリ・コミューンへの弾圧を阻止するためには一行も書かなかったとして、非難されている。

アンガージュマン文学の提唱は、大きな反響を呼んだ。誰もが歴史に翻弄されて心の傷を負い、占領の屈辱的な記憶も生々しい時期であったから、多くの知識人の共感を呼んだのであろう。この考え方は遠く日本にも移入され、大江健三郎を初め、作家・知識人の政治参加を促した。

サルトルは、「アンガージュマン」という言葉を晩年に至るまで使いつづけるが、その意味するところはしだいに広くなっていく。例えば、マラルメは一語を選ぶのに命をかけた、といわれる。政治には一指も動かさなかった代わりに、全身全霊をかけて詩にコミットしたマラルメの文学行為を、晩年のサルトルはあえて「マラルメのアンガージュマン」と呼ぶ。自己の存在をかけて世界全体にかかわり、普遍性にまで達する、いわば絶対を求めようとする文学行為にまで、「アンガージュマン」の指すものは広がっていったのである。

▼人間であることの責任

人間はみずからあるところのものにたいして責任がある。

『実存主義とは何か』より

実存主義の立場からすれば、実存が本質に先立ち、人間は自らを作って行く存在なのだから、人は自分自身（自らあるところのもの）に対して責任を持たねばならない。しかもこの場合に責任を持つべきなのは、厳密には個人に対してだけではない。広くこの社会、この世界もまた、自分たちで作ったものであるから、サルトルの言い方を借りれば「全人類に対して責任がある」ことになる。これは戦争直後、『実存主義とは何か』を発表した頃の、知識人に対しきわめて厳しい責任を負わせていた当時の、サルトル特有の考え方である。

「『レ・タン・モデルヌ』創刊の辞」によれば、フローベールもゴンクールも作家の責任を十分には果たしていない。彼らは歴史を進展させるためには、ペンを取ろうとしなかったからである。やがてサルトルは、それほど厳しく作家の責任を問わなくなるが、安逸をむさぼり、第二次世界大戦が引き起こされるのを放置してしまった自分たち世代の責任は大きいと、なお考えていた。

「アンガージュマン」の考え方の根本には、社会に対する知識人の責任の問題がある。文筆を生業《なりわい》とする者は、自由と真実と社会的正義に対して責任がある、とする考え方である。これは一八九〇年代のドレフュス事件で、ドイツ軍のスパイだという無実の罪により、終身刑判決を受けたユダヤ人士官ドレフュスを救うべく、軍部と右派を敵に回して果敢に闘ったエミール・ゾラをその典型とする、フランスの知の伝統である。

両大戦間の日々、それはサルトル十三歳から三十四歳までの二十一年間にすぎず、彼ら若い世代は、ヨーロッパ全体をむざむざ瓦礫の山にさせてしまった。怖ろしい破滅が着実に近づいていたのに、それを止めることができなかった。

隣国の領地を併呑するたびに、ドイツはもうこれ以上領土を欲しないと宣言するヒトラー。その舌の根も乾かぬうちに、次の領土をまた要求する貪欲を見て見ぬふりをしながら、第一次大戦の恐怖の記憶が先に立ち、両大戦間の世代は妥協に妥協を重ねていった。

またフランスは、スペインで人民戦線内閣が、ヒトラーの支援を受けたファシストによって潰されるのを座視した。自分だけの平和にしがみついたフランス人のうしろめたさは、『自由への道』の中に繰り返し描かれている。フランスはまた、同盟国ポーランドがナチス＝ドイツ軍の総攻撃を受けた時も、形式的に宣戦布告しただけで、ポーランドを見殺しにした。

こうしたフランスの何重もの責任放棄のつけが、第一次大戦の死者七百五十万人をはるかにしのぐ、第二次大戦の三千七百万人の死者を生んだ。しかもフランスのみじめな敗北と屈辱的な占領。

それはサルトルたちフランス知識人にとって、忘れることのできない暗い記憶だった。サルトルが「ドイツ軍の占領が、我々に責任というものを教えた」と語るのは、そうした背景があるのである。

天変地異による洪水は防ぎようがない。しかし歴史の奔流は人間がもたらしたものであり、事前に感知することもできれば、阻止することもできる。人間は自由であり、社会を作る者が人間である以上、歴史を作るのもまた人間だからだ。人間の自由とそれゆえに負うべき責任。サルトルの生涯の思考には、常にこの二つがついて回った。

▼肌を突き刺す「歴史」

魚が水のなかで暮らしているように、われわれは歴史のなかで暮らしている。

『シチュアシオン　Ⅱ』より

サルトルが、おぞましい破壊と死をもたらした第二次世界大戦から学びとった最大のもの、それは「歴史」であろう。彼は、十七世紀の学問と文芸を条件づけたデカルトの数学に相当するものが、二十世紀では歴史であると、「文学の国営化」（『シチュアシオン　Ⅱ』所収）の中で語っている。

知の高い城にこもり、他者とも社会とも国家とも無関係に生きていると自負していたサルトルを、狂おしい濁流によって一気に押し流してしまった歴史。それはどのように体験されたのか？

隣国のつまらない一伍長が、ドイツ帝国の総統にのし上がり、航空機・戦車など最新兵器を結集した機械化部隊を大増設することで、ヨーロッパに暗雲を呼び寄せる。結果として、思索の日々を送っていた若き思想家が、一兵卒として東部戦線に駆り出される。ヨーロッパ最強だったはずのフランス陸軍潰走の中で、彼は捕虜の身に落ち、ドイツ国内の丘の上の収容所に閉じ込められる。屈辱的なパリ占領下の日々、ゲシュタポの恐怖、夜な夜なの拷問。ヨーロッパを覆うヒトラーの影の中で、唯一降伏しなかったイギリスは、ヒトラーの猛爆撃にただ耐えるだけだった。

この戦局の転換には、米ソ両国の対ドイツ参戦を待つしかなかった。しかもその戦争の終了と同時に、両大国同士の反目が始まり、戦場となるであろうヨーロッパの壊滅がまことしやかに語られた。歴史はすべてのフランス人にとって、肌を突き刺す現実、凍りつく未来だったのだ。

だからこそ戦後のサルトルは、「歴史」というテーマのもとに出発する。一切を知り尽くすことを誓った彼は、この最も切迫した問題を、新たな思考の中心に据える。歴史を解明すべき哲学への言及が、一九四五年十一月刊の『レ・タン・モデルヌ』第二号に掲載された「文学の国営化」に早くも現われる。これに続き、翌四六年六月および七月刊の同誌に、「唯物論と革命」が掲載された。その主旨は、観念論／唯物論を超えた革命的哲学が必要であり、その新哲学こそは人間の解放を目指し、自他の自由を承認し合うものだとして、『存在と無』の次に来る著作を示唆している。

それから十四年、一九六〇年に至って現われた『弁証法的理性批判』こそが、サルトルが長く探究し続けた哲学だった。それは歴史の本質的解明を求めて、個々の人間の生と生産の原点から出発し、社会構造の成立過程を哲学的に俯瞰しようとした壮大な試みである。

この書でもサルトルは、人間が徹底的に歴史の水にひたされ、またその構造からさまざまに制限を受け、疎外される存在であることを認めた上で、なお歴史をその手で創り出す主体としての人間の力に、希望を託そうとしている。

▼友情と別れ

君と僕の友情は、坦々たるものではなかったが、僕はそれを心残りに思うことだろう。……多くのことで君と僕は接近しており、わずかな点ではなれていた。だが、このわずかな点だけで、充分すぎるほどだった。

『シチュアシオン Ⅳ』より

サルトルは友人が少なかった。その数少ない友情も、篤さよりは華々しい喧嘩別れで有名である。例外といえるのが「女」「子供」である。

まず女性関係は、サルトル二十歳の時の恋人、南仏トゥールーズの美女シモーヌ・ジョリヴェ、同じく二十四歳の時のシモーヌ・ド・ボーヴォワール、そしてそれ以来晩年まで、数え切れないほどの数にのぼる。

また彼は、年の離れた生徒などとはうまくいくようで、リセ教師時代の教え子だったジャック＝ローラン・ボストとは生涯の交友があった。ボストはかつて兄に頼んで、一度はつき返された『嘔吐』の原稿をガリマール社に再審させ、採用に漕ぎつけたという「手柄」もあり、ボーヴォワール

など女性陣を含めた「サルトル・ファミリー」を形成していた。さらに、サルトルが六十七歳の時に政治鼎談《ていだん》を始めたピエール・ヴィクトールになると、四十歳年下の孫のような存在である。彼は、失明した晩年のサルトルの討論相手となり、本を朗読するなど、最後まで親しい関係にあった。

他方、仲違いした友人には才能に溢れた人が多い。エコール・ノルマルの同級だったレイモン・アロンは卓抜な評論家である。最後までサルトルへの友情を失わなかったようだが、その保守的な思考がサルトルとは合わず、『レ・タン・モデルヌ』創刊時の仲間でありながら、翌年には雑誌を離れてしまう。

アルベール・カミュは、サルトルより先にノーベル文学賞を受賞した作家である。斬新な『異邦人』を、サルトルが好意的に書評したこともあって交際が始まり、同じ実存主義作家グループと世間には見られていた。しかし、一九五二年にサルトルが表明した共産党全面支持へのカミュの反発を背景に、カミュの作品『反抗的人間』への評価を巡って両者は対立、冒頭の引用文「アルベール・カミュに答える」（『シチュアシオン Ⅳ』所収）のような絶縁状を、サルトルが『レ・タン・モデルヌ』に発表し、喧嘩別れになった。

モーリス・メルロ＝ポンティは、エコール・ノルマルでサルトルより二年下だった著名な現象学者である。ナチ占領下で、サルトルが反独組織「社会主義と自由」を結成した時も同志だったし、『レ・タン・モデルヌ』にも参加、政治理論に疎いサルトルを補佐して雑誌を支えた。しかし彼もまた、サルトルが一九五二年に発表した「共産主義者と平和」でのソ連・共産党寄りの政治路線に反発して、翌年には雑誌を去る。『レ・タン・モデルヌ』は、戦後フランス知識界を領導する質の高さを誇ったが、彼の脱退によってその優位を失った。

こうした相次ぐ喧嘩別れの原因は、男性の友人に対するサルトル自身の興味の薄さ、冷たさが関係しているであろう。サルトル自身は、女性と話しているとその雰囲気だけでも自分を満たしてくれるものがあるが、男性にはそれがないと語る。彼は、他者に対して緊張を強いられる神経の持ち主で、男性の友人とうまくいかなかった遠因はその辺にあるように思われる。

ただし、エコール・ノルマルで同級だっただけでなく、それ以前のリセ、アンリ四世校、ルイ＝ル＝グラン校以来の親友だったポール・ニザンは例外で、サルトルの方では変わらぬ友情を持ち、トラブルもなかったにもかかわらず、ニザンの方から去っていったようである。しかしサルトル自身の認識とは別に、ニザン以下のすぐれた友人からサルトルが得たものは、決して少なくないと思われる。

また、これらの友人のうち、ニザンは一九四〇年、カミュは一九六〇年、メルロ＝ポンティは一九六一年と、いずれもサルトルより早くこの世を去り、いずれの場合にもサルトルは友情のこもった追悼文を捧げている。これらはすべて、『シチュアシオン　Ⅳ』に収録されている。

社会主義か野蛮か

『シチュアシオン X』より

一九七五年、七十歳を迎えた記念のインタビュー「七〇歳の自画像」（『シチュアシオン X』所収）でサルトルが語ったのは、人間の未来は「社会主義か野蛮か」しかない、ということだった。つまり人間には、社会主義という理性的な未来を選ぶか、ついに野蛮、野獣のままで終わるか、その二者択一しか選択肢がないということである。

社会主義革命は、もはや現実の社会主義国に未来を託せないことが判った晩年のサルトルにとって、なお追求すべき問題であり続けた。資本主義社会は、いかに言いつくろおうとも不道徳であり、「利益のために」作られている。不正をまきちらす「権力」を何としても人々の力で奪いとり、自由が目的となる社会を作らねばならない、という思いを持ち続けた。

「人間のために」作られた社会へ、根本的に変革する必要があること。社会主義革命を起こし、自由を現実化することによって、新しい人間を創造すること。それは、その成功を確信できるかどうかの問題ではなく、そうできるか否かで人間自体の価値が試されるのだ、とサルトルは考える。

つまり、社会主義を選ぶか野蛮にとどまるかは、サルトルによれば、「神は存在する」に賭けて何の損もないとする、パスカルの言う賭けと同じなのである。パスカルとの違いは、サルトルは、神ではなく、人間に賭けるところにある。もし「野蛮」が選ばれれば、人間は亡ぶことになるだろう。二万年ほどのあいだ人間が存在し、そのうちに何回か「人間」の変革を試みて失敗した、ということになるだけだろうと彼は言う。しかしそうならないよう、自らの尊厳の問題として、人間は「社会主義」に賭けなければならないのだ。

晩年のサルトルによれば「革命」とは、一つの権力を別の権力が倒す瞬間的なものではない。それは、人々が既成権力を少しずつ奪う、長い運動である。成功を保証するものは何一つない。失敗が運命づけられているという保証もないけれども。

しかしいずれにせよ、人間の二者択一は、まさしく社会主義か野蛮か、それしかないのだと、盲目となった七十歳の思想家は語り続けた。マルクス主義のうちの権力哲学の要素は捨て、階級闘争や剰余価値などの要素は拾い、全体としてマルクス主義を乗り越えて、自由な社会主義、真の社会主義を目指すべきだ。

一九八〇年、死の直前に発表された対談「いま、希望とは」では、〈希望それ自体である人間存在〉が熱く語られる。自分が語り続けてきた「自由」とは、「希望」そのもののこと、未来を開く希望それ自体であるというメッセージが、サルトルが人々に向けて語る最後の言葉となった。

Ⅵ

書くこと、そして人生

七十四年十カ月にわたるサルトルのエネルギッシュな人生は、ひたすら書くことに捧げられた。文学を中心に、後代に残ることを目指して書き継がれた膨大な作品群。世界がその執筆を、その発言を待ち続けた栄光の思想家の、「知り、書き、愛した」豊饒にして多彩な人生を、その誕生から晩年までにわたり展望してみよう。

▼書くためだけに生きる

彼自身が認めていた真の優越性……は、未来の著書に彼が打ちこんでいるその平静でかつすさまじい情熱であった。……私は書く以外に生きることを考えなかった。だが、サルトルは書くためにのみ生きていたのだ。

――ボーヴォワール

『娘時代』より

与えられた人生を、書くことに充てようと考えたボーヴォワール。しかしサルトルは、書けなければ生きる必要はなかったのだ。いずれにせよ、書くことへの凄まじい情熱である。

サルトルと同じノルマリアン（高等師範学校生）で、のち国連ユネスコ事務局長となるルネ・マウーは、サルトルと出会ったころのボーヴォワールに、畏怖の混じった口調でこう語ったという。眠っている時以外、サルトルは決して考えることをやめない――。

交際を始めたボーヴォワールの目にも、サルトルはあらゆることに関心を持ち、またそれを究め尽くすまで満足しない人間と映った。しかもその知は未来の著書の執筆に役立たせるためにあった。「書くこと」に打ち込む彼の情熱は凄まじく、勤勉ぶりで親を驚かせていたボーヴォワールも、自分の情熱が「内気」に見えるほどの人間に出会った、と述べている。

サルトルはエコール・ノルマル時代、若者特有のロマンティシズムから、世界旅行を夢見ていた。コンスタンチノープルの荷揚げ人夫、インドの賤民、ギリシアの聖アトス山の司祭、ニューファウンドランドの漁夫――どんな人間とも知り合い、魔窟にも聖地にも自在に出入りする。しかもそうした経験はすべて、作品執筆に役立たねばならなかった。彼にとっては、そうした現実と思考の冒険を通して完成させる文学作品こそが、絶対の目的であったのだ。

サルトルは逆に、執筆に役立たないものには冷たく、政治や社会問題も二の次にした。その名残りが、戦後のサルトルにも残り、政治に全面的にコミットしていたはずの一九五〇年代でさえもなお、新聞の政治欄を積極的に読もうとはしなかったようである。

サルトルの執筆ジャンルは初めは小説だったが、やがて哲学、文芸評論、さらには演劇、政治評論、評伝と広がっていく。その結果、生涯で書き上げた文字量は恐るべきものとなった。生前に刊行されたものを、邦訳で四百字詰原稿用紙に直すと、およそ三万六千七百枚。例えば、『源氏物語』の現代語訳でおよそ三千四百枚であるから、サルトルは『源氏物語』を十回余り書いたことになる。彼の生涯をもし短い言葉で言い表わすとすれば、「知り、書き、愛した」であろう。

▼超自我の喪失

私の父が生きていたら、彼は私の上に長々と寝そべり、私を圧《お》し潰《つぶ》していただろう。幸なことに彼は夭逝《ようせつ》した。……つまり私は《超自我》を持っていないのだ。

『言葉』より

サルトルの家族構成上の特色は、母と祖父母とに囲まれて育った、一人っ子だったことである。父のジャン＝バチスト・サルトルは、医者の息子で、南西フランスのティヴィエ出身。海が好きで、エコール・ポリテクニック（理工科学校、エコール・ノルマルと並ぶ名門校）から海軍士官となり、仏領コーチシナ（現在のベトナム南部）に赴任したが、彼の地からアジア性熱病を持ち帰る。

母のアンヌ＝マリー・シュヴァイツァーは、アルザス出身のドイツ語教師であったシャルル・シュヴァイツァーの末娘。このシャルルの弟であったルイの息子が、「密林の聖者」アルベルト・シュヴァイツァーである。シュヴァイツァーは一九五二年にノーベル平和賞、サルトルも一九六四年にノーベル文学賞（ただし辞退）に選ばれているため、一族から二人のノーベル賞指名者が出ていることになる。

一九〇三年、（サルトルの母となる）アンヌ＝マリーはシェルブールで、兄の友人だった（サルトルの父となる）ジャン＝バチストと知り合い、翌年五月に結婚、パリ一六区に住む。新郎三十歳、新婦二十二歳であった。翌一九〇五年六月二十一日には、長男ジャン＝ポール・サルトルが誕生するが、父ジャン＝バチストは熱病が悪化、翌年九月に亡くなり、結婚生活は二年四カ月で終わる。このため「サルトル家」は失われ、アンヌ＝マリーは幼な子ジャン＝ポールとともに両親（サルトルの祖父母）のもとに戻り、「間借り生活」をする。

サルトルは父子間のウェットな関係を嫌い、父の早逝を歓迎し、自身も子を作ろうとしなかった。冒頭引用文中の「超自我」とは精神分析学の用語で、幼時に親、とくに同性の親から子供が受け取り、内面化される価値規範を言う。サルトルのいう「超自我がない」とは、父が早逝したため、サルトル少年を見張り、既成の価値観でがんじがらめにする「心の検察官」が形成されなかった、という意味であろう。

超自我の有無は別にして、何ものにもとらわれない、その代わり誰の言うことも聞かないサルトルの自由奔放な性格は、確かに母や祖父母に甘やかされて育ったためであろう。命令をまったく受けつけない彼の性格は、一九一六年の母の再婚で、義父ジョゼフ・マンシーとの対立を生んだのをはじめ、サルトルの人生の対人関係に大きな影響を与えたと思われる。

私が世界に出会ったのは、本の中においてだった。

『言葉』より

サルトルは、自分の人生は本に囲まれて始まった、と述べている。祖父の書斎は本で溢れ、祖母も母もよく本を読んだ。

ある日、祖父は幼いサルトルに、書棚にあるクロス貼りの分厚い一群の本を指差し、あれらを作ったのは自分だ、と告げる。何という誇らしさだったかと、サルトルは思い出す。神々しいパイプオルガンの製造者と同じくらい偉い、神聖な職人の孫が自分だったのだ。

またある日、祖父は孫のために民話物語を持ち帰る。少年にはこの「本」というものの使い方が判らない。すると母が、妖精物語を読んでほしいの、と尋ねる。この中に妖精物語が入っている？やがて母の唇を通して、あたかもこの本が語るように聞こえてくる妖精物語に、少年は驚愕する。初めての本との出会いだった。

すでに空で覚えていたエクトル・マロの『家なき子』をページごとに暗誦し、それから文字を判読する。最後のページまでその作業が終わった時、少年は文字が読めるようになっていた。まだ三歳か四歳頃のことである。

文字を覚えた少年は、祖父の書斎に入ることを許され、書棚から小さな手には余る本を取っては、人類の知恵に襲撃をしかける。祖父の本棚は、恐るべき広大な世界だった。少年は土をいじったり、植物を手折《たお》ったり、動物に触れるようなことは何もしない。代わりに、本こそが土であり、草原であり、鳥であったのだ。本の中には、果てしない世界が広がっていた。

サルトル少年は、椅子や机の上によじ登り、さまざまな本を採集しては、冒険の旅を続ける。

▼土壌としての『ラルース大百科事典』

私には『ラルース大百科辞典』がすべてのものの代りをつとめていた。

『言葉』より

祖父の書斎に出入りを許されたサルトル少年だったが、その書棚にあった本は、独仏の古典がほとんどだった。蔵書のバラエティとしては、確かに豊かさに欠けるかもしれない。しかし少年にとっては、『ラルース大百科事（辞）典』があれば十分だった。彼はやっとの思いで重い一巻を棚から取り出すと、ページを開き読みふける。

サルトル少年がどれほどラルースに親しみ、またそれに自らの知を作り上げられたかを示すエピソードがある。ラルースの「巻立て」通り、少年の頭には、「第一巻　A-Bello」「第二巻　Belloc-Ch」、以下「最終巻　Pr-Z」に至る知の区割りがあり、それぞれの地区で異なる動植物、地理、有名人、戦争があるように思えていた、と不思議な記憶を語っている。

しかも『ラルース大百科事典』は「絶対に正しい」のだから、この本の中にある記述こそが、それらの「本質」であった。まさに『ラルース』はイデアの宇宙であり、その記述こそが真実であって、世の中の現物は、その模造品にすぎなかった。サルトルは、動物園のサルはサルらしくなく、公園を歩く人間も人間らしく見えなかった、とさえ書いている。このエピソードにはレトリックが含まれているにせよ、その観念性がサルトルの生涯に影響を与えたことはまちがいない。

サルトル特有の知のダイナミズムが、こうした百科事典的な知の一大集積を背景にしていることは確かであろう。それなしには、サルトルの記述に特有の驚くべき視野の広さ、また既成ジャンルを一瞬のうちに越えてしまう自在な筆の運びが、生まれるはずがない。

そうであればこそ、世界のすべてをその中に凝縮しようとする百科事典を、少年サルトルがひたすら読みふける光景は、彼の一生を象徴するものであった。あらゆる分野を総合し、またあらゆる分野に進出していく百科事典的なサルトルの知。それは、対自と即自のダイナミズムによって一切の存在現象を説明しようとする『存在と無』に始まり、巨大な歴史を小説空間に呑み込もうとした『自由への道』、さらには歴史の構造そのものを解明しようとした『弁証法的理性批判』、逆に一個の人間を完璧に理解しようとした『家の馬鹿息子』へと、さまざまな形をとって自らを実現していくことになる。

▼ プライドと栄光

若きベルリオーズとか若きゲーテなどと言うように、自分が若きサルトルであることを強く意識していた。

『奇妙な戦争』より

サルトルが高ぶることのない謙虚な人間であったことは、さまざまな人が証言している。しかしそのこととは別に、彼が強い自尊心を持つ人間であったこともまた確かなのである。

幼年期から青年期まで、二十余年にわたるサルトルの確信は、自分が「偉大な作家サルトル」になることであった。そうであればこそ、いまだ世に認められない現在の自分は、「若きサルトル」なのである。

『言葉』は、他者に対してと同様、自分自身をも辛辣《しんらつ》に断罪する異色の自伝であるが、自己のプライドの高さを次のようにからかっている。――ラ・ロシェルでの暗黒時代、十四歳の時、いじめられっ子であるにもかかわらずサルトル少年は、級友たちの方から自分に声をかけさせようとする。ある日、彼らの前を知らぬふりをして通り過ぎる。しかし誰も呼び止めてくれない。するとサルトルは大迂回をし、再び彼らの前を通り過ぎる。何度もそれを繰り返すうち、とうとう一人が言った。「この馬鹿は、四十五分も前からおれたちの周りをぐるぐる回って、どうするつもりなのだ」。

いつかは人の方から自分に歩み寄って来るにちがいない。ほとんど狂信的なまでの自負を保ち続けるのであるが、確かにサルトルには、いつかは自分の天分が理解される日が来るにちがいない。ほとんど狂信的なまでの自負を保ち続けるのであるが、確かにサルトルには、自己の栄光の日のためにはどんな辛苦にも耐え抜くという、強靭な意志の力があった。

一九二〇年、十五歳で祖父によってパリに戻され、暗黒時代は終わる。エリート・リセであるアンリ四世校から、さらにグラン・ゼコールへの近道である超エリート・リセ、ルイ＝ル＝グラン校、そしてついにエコール・ノルマル・シュペリウールへ。「偉大なサルトル」に向けて、ひたすら読み、書き、考える。

その果てに待つ栄光を、二十一歳のサルトルは一九二六年、当時の恋人シモーヌ・ジョリヴェ宛の手紙で描写している。――サルトルの名誉を讃えて祝杯をあげる燕尾服の紳士、夜会服の淑女たち、彼らで混み合う舞踏室、こうしたイメージを、彼は子供の頃から思い浮かべてきたという。

ただ、青春期までに思い描いてきたこのような栄光は、少数の読者、特定のエリートからの賞賛を想定していた。いわば、舞踏室に入りきれるサイズのものである。さすがに若きサルトルも、三十代から四十代へ、世界大の「舞踏会」が開かれるまでには、想像が及ばなかったのである。

ぼくはどんなことをも、もっともよく知っている人間でありたい。

『サルトル　一九〇五―一九八〇』より

一九二四年八月、サルトルはエコール・ノルマル・シュペリウールに、七番の成績で入学する。同期生となった二四年組には逸材が多く、まず、サルトルとリセ以来の親友で、寄宿舎でも同室になり、やがてサルトルより早く作家デビューするポール・ニザン。彼は内斜視であり、外斜視のサルトルと二人はよくまちがえられたという。そのほか、戦後の政治評論の雄となるレイモン・アロン、科学哲学界の権威となったジョルジュ・カンギレム、フランス精神分析の第二世代となったダニエル・ラガーシュらがいた。さらに、翌一九二五年組には、ユネスコ事務局長となったルネ・マウー、著名なヘーゲル学者となったジャン・イポリットがおり、モーリス・メルロ＝ポンティは一九二六年組であった。

引用文は、一九二五年、サルトル二十歳の頃、同期のラガーシュに語った言葉で、聞いたラガーシュは、サルトルの自負の強さに驚いたようだ。百科事典少年として育ったサルトルの貪欲な知識の吸収は、十数年を経たエコール・ノルマルでも、さらに強化されていた。大学に残された学生記録から、当時のサルトルがどんな本を読んでいたかが判っている。

プラトン、ショーペンハウエル、カント、スピノザ、クレチャン・ド・トロワ、マラルメ、ネルヴァル、セルバンテス、アリストテレス、ベルクソン、シェイクスピア、トルストイ、エラスムス、ジロドゥー、セネカ、ルクレティウス、アウグスティヌス、カサノヴァ、スタンダール、キケロ等々。

これを調べたコーエン＝ソラルは、この時期のサルトルが、年間三百冊以上もの本を、むさぼるように読んでいた事実を明らかにしている。恐るべきエネルギーである。

さらに学生時代にサルトルと出会ったボーヴォワールは、当時の彼について次のように語っている。サルトルの精神は、つねに生き生きと活動し、あらゆるものに興味を持ち、またどんなことにも先入見なしに真正面から向き合い、考え尽くし、その原因と結果と意味とを究めずにはおかなかった。

サルトルの学生時代は一九二九年、二十四歳でアグレガシオン（教授資格試験）を一番でパスすることで終わる。ちなみに二番はボーヴォワールであった。サルトルの自信に充ち溢れた、順風満帆の時代は、実はこの年をもって終わる。このあと一年半の兵役があり、続いて一九三一年にはル・アーヴルのリセに赴任、書いてもいっこうに認められない、長い「田舎教師」時代が続くのである。

僕たちの恋は必然的なものだ。だが、偶然の恋も知る必要があるよ

『女ざかり　上』より

サルトルとボーヴォワールの愛は、それだけで優に一冊の本を成り立たせるだけの、きわめて複雑なものである。かつて二人が連れ添って日本にやってきた一九六六年（昭和四十一）には、婚姻に縛られない理想的な男女の愛の形として喧伝されたものだが、実際にはさまざまな問題をはらんでいた。現在では、なお世紀の恋と見る人もいる一方、悲劇的、欺瞞的な愛と見る人もいる。

最大の問題は、サルトルのおさまらない「浮気癖」であったろう。サルトル本人は、作家は多くの女たちと恋愛関係を持つべきと考えた、と弁明するが、小説を書かなくなっても、「癖」は止まなかったのが実情である。

サルトルから見ると、ボーヴォワールと出会った当初や、二人が戦争で引き裂かれた一年半ほどの間は、恋心が燃えさかっていた。しかししだいに、「なくてはならない女友だち」のような存在になっていったと思われる。サルトルと対等に議論ができ、語学では恐らくサルトル以上の能力が

あり、彼の書いたものを誰よりも的確に批評し得る存在は、男女を問わず他にいたはずはない。しかし女性としての魅力は、このドンファンを完全に沈黙させるほど、万全とはいかなかった。

その「魅力不足」を、サルトルがいつごろ意識したのかは判らないが、いずれにせよ出会ってそれほど時間も経たないうちに、冒頭のような「君が本命だが、浮気は認めてくれ」という宣言がなされた。その後、結婚問題が持ち上がったこともあるが、ともかく結婚はせず、互いが本命である一方、浮気は公認で告白しあう。――この「提案」をボーヴォワールは呑む。しかし、相手に新しい恋人ができても、嫉妬するのはボーヴォワールの方で、サルトルにそのふしはない。つまりこの二人の恋愛では、決定的にサルトルの方が強者であった。

ボーヴォワールの方も、サルトルの教え子のボストや、アメリカの作家オルグレン、あるいは『レ・タン・モデルヌ』の編集委員のランズマンと恋愛関係になったり、またサルトルと出会う以前から晩年まで、レズビアンの世界にも入り込んでいる。けれども、少なくともサルトルと出会って以降は、サルトルとの十全に満たされない愛の隙間を埋めるために、他との関係を持ったという印象が強いのである。サルトルにこれほど多くの「偶然だらけの恋」がなければ、結局生涯サルトルを第一の存在として愛し続けたボーヴォワールであるから、いずれふつうの結婚生活に入ったようにも思われる。

二人の出会いは、一九二九年七月、サルトル二十四歳、ボーヴォワール二十一歳の時であった。

その後サルトルは、彼女を尊重しながらも、自分の周囲、また彼女の周囲の女性と次々に恋を重ね、そのうちの何人とも同時につきあっていた。このため、自分の夏休みを何分割かして、各女性とそれぞれの避暑地で過ごすとか、通常の週も、曜日や時間を分けてそれぞれの女性と過ごすなど、およそ普通の感覚では信じがたい愛情生活を続けていた。

一九八〇年に没するまで五十年余、「本妻」はボーヴォワールだが、「愛人」は少しずつ変わっていく。愛人の第一位は、一九五六年に知り合った、娘のように若いアルレット・エルカイムだろう。彼女は一九六五年にサルトルの養女という形で籍を入れ、サルトル没後はその遺産を継承するとともに、出版の仕事も引き受けている。

サルトルの恋愛に関するエピソードにはスキャンダラスなものも多いが、結局最後まで世話になったのは「本妻」ボーヴォワールであった。一九八〇年四月十五日に没したサルトルのなきがらの横に、ボーヴォワールは添い寝までしている。ボーヴォワールはそれから六年後、日付も一日違いの一九八六年四月十四日に没した。現在はモンパルナス墓地の同じ墓の中で、二人は永遠の眠りについている。

▼音楽の時間

二二歳のとき、高等師範《エコール・ノルマル》にいたころ人にピアノを教えてやったことさえある。

『シチュアシオン Ⅹ』より

サルトルの趣味は何だったのだろうか。お見合い釣書《つりがき》ふうにいえば、読書、美術、音楽、旅行だろうか。中でも、あの硬派の面持ちからは想像できないのが、聴き、歌い、弾く音楽趣味である。彼は、自分が音楽に囲まれて生まれたと語っている。一家、一族がみな音楽好きだったのである。

サルトルを溺愛した祖父シャルル・シュヴァイツァーはドイツ語教師だったが、ドイツの作曲家ハンス・ザックスについての論文を書いている。自身で作曲することもあり、ピアノもオルガンも弾いた。このシャルルの弟の息子が、先に述べたアルベルト・シュヴァイツァーで、音楽家でもあり、赤道直下のランバレネの病院からオルガンの音を聞かせていたことでも有名である。

シャルルの妻（つまりサルトルの祖母）もピアノが上手だった。シャルルの末娘であるサルトルの母もピアノがうまく、ショパンやシューマンを弾き、歌も歌った。サルトル自身も八歳か九歳ごろから、ピアノのレッスンを受けている。

母が再婚して移ったラ・ロシェルの家にはグランド・ピアノがあり、これでサルトルは独習する。やがて母ともメンデルスゾーンを連弾したり、さらにはベートーベン、シューマン、バッハ、ショパンなどを弾くようになった。オペラやオペレッタの曲も弾き、バリトンで歌った。ピアノも歌も独習だったが、エコール・ノルマルでは他人に教えるまでになっていた、と

引用文「七〇歳の自画像」(『シチュアシオンX』所収)で語っている。
一九四五年に義父が亡くなり、サルトルは翌四六年から母とボナパルト街で生活するようになる。ここで午後三時から五時頃までピアノを弾き、五時になると仕事を始めたという。ボーヴォワールも少し弾けたので、連弾したこともあったようだ。
失明の前年、指が思うように動かなくなってピアノはやめたが、それまでサルトルの生活には、ラジオ番組やレコードを含め、音楽が毎日四時間を占めていたという。失明後はほとんど毎晩、ボーヴォワールの家で、二人でレコードを楽しんだ。ひいきの作曲家はベートーベンがトップ。それにショパン、シューマン、バルトーク。シェーンベルクなどの現代音楽も愛し、ジャズも好きだったが、本当に大切なものはクラシック音楽だったようだ。

▼重い容貌コンプレックス

〔ボーヴォワール〕――きれいな女性としかどんなことがあっても外出したくない、とよく言っていたけれど。
サルトル――そう。だって、醜い男と醜い女とじゃね

『別れの儀式』より

サルトルの一生にわたって、ひどい外斜視の容貌は、重いコンプレックスであり続けた。彼は自らの醜さについて率直に語っているように見えるが、その本当の苦悩を吐露したとはいえない。生後数カ月の写真を見ると、両目とも何も問題があるようには思えない。しかし、一歳三カ月で父が死んだあとに撮影されたとされる、黒衣の母に抱かれた写真では、かわいらしい顔つきをしているものの、右目がやや外に向いているように見える。母はもちろん、わが子の外斜視に気づいていたであろう。サルトルは女の子のように、巻き毛を深々と垂らせて育てられたようだ。

容貌についての第一の「事件」が起きたのは、七歳の時である。祖父がサルトル少年の巻き毛を刈ってしまい、剝き出しになった顔を見た母は、部屋に閉じこもって泣いたという。少年の右目はすでにほとんど視力を失っていた。しかし母は、自分が受けた衝撃の理由を明かさなかった。サルトル少年が自分の容貌に真正面から向き合わなければならなくなったのは、十二歳になった時、母からはっきりとその事実を教えられた時であった。

第二の「事件」は一九一九年、ラ・ロシェル港沿いの遊歩道で起きた。サルトル少年が待ちかまえていたブロンドの髪を持つ船具商の娘、十二歳の美しいリゼット・ジョワリスから放たれた冷たい言葉が、十四歳のサルトルを突き刺す。彼女は、自分に近づこうとする少年にこう言い放ったのだ。「だれなの、片方の目がもう片方に〈糞ったれ〉って言っているこの間抜けは？」。周囲がどっと笑いだす中、サルトルは自分が本当に醜いのだと思い知らされる。

この痛手は容易には癒えなかった。ラ・ロシェル時代が終わり、パリに戻ってアンリ四世校、ルイ＝ル＝グラン校、さらにはエコール・ノルマルに入っても、苦痛は続く。サルトルにおける「醜さ」は、自然への嫌悪、他者への嫌悪と並ぶほどの、彼の生におけるいわば「絶対的困難性」を構成したものといえる。では彼は、どのようにしてその困難を乗り越えようとしたか？

その答えは、男女とも美貌の友人を持つこと、であった。ほとんど信じがたいことではあるが、美貌の友人といると、自らの醜さが中和されるように思えたようだ。それが、ハンサムな男性ばかりを友人に選んだ理由だと、サルトル自身が証言している。このエピソードは、コンプレックスの強さとともに、その「解決法」が、彼の観念性をよく示していよう。またこうした彼にとって、女性とは、異性という魅力であるばかりでなく、生涯を賭けて征服すべき「美」でもあったといえる。

▼「天才信仰」の崩壊

二十八歳で名をなさなかった者は永久に栄光を断念しなければならない

――テプフェール

『奇妙な戦争』より

サルトルの「天才」は、シュヴァイツァー家のみならず、リセでもエコール・ノルマルでも認められていた。しかし世間へのデビューは、そう簡単なことではなかった。

引用文は二十二歳のとき、ノルマリアン（高等師範学校生）のサルトルが、胸ときめかせてノートに書きつけた、十九世紀スイスの漫画家の言葉である。この格言めいた一句には、実は奇妙なところがある。なぜ「二十八歳」なのか。若くして、というならなぜ二十五歳ではないのか？　二十代のうちにというのなら、二十九歳ではだめなのか？　しかし、この言葉を写していたエコール・ノルマル四年のサルトルからすれば、二十八歳など待たず、卒業すればすぐにも、颯爽たるデビューを飾るつもりだったのである。

しかし、アグレガシオン（教授資格試験）を一番で通ったとはいえ、実はその前年にも受験をし、失敗している。彼はその理由を保守的な哲学教授陣のせいにしているが、ともかくこれで一年が空費された。続く卒業後の兵役でさらに一年半。

一九三一年三月、リセ時代から秘かに忌み嫌っていた「地方リセ教師」となるべく、サルトルはフランス北西岸の工業都市ル・アーヴルの駅頭に降り立つ。あと三カ月で二十六歳になろうとしていた。「約束」の二十八歳まであと二年。

サルトルがそれまでに書き上げた作品は、ガリマール社などによってすでに拒絶されていた。彼は『嘔吐』の孤独な主人公アントワーヌ・ロカンタンさながら、ホテルに泊まり、リセでの授業以外は、図書館とカフェで過ごす日々を送る。ここで構想された作品がのちに『嘔吐』になる。それは、地方の一知識人が偶然性という真理を発見する物語であった。カフェでのサルトルは、パイプをくわえ、万年筆を持ち、出入りの人々を放心したように眺めながら、何時間も何時間も仕事をしていたという。リセ教師として学校内のみならず、ル・アーヴル社会からもうまく受け容れられなかった彼は、小説に賭けざるを得なかったのである。

しかし、サルトルが孤独の中で書き上げた小説の第一稿は、退屈だとしてボーヴォワールからから批判を浴び、書き直しを迫られる。時に一九三三年、サルトル二十八歳。ついに彼は、あのテプフェールの言葉を書き写してから六年もあった猶予を、使い果たしていたのだ。

しかもその一九三三年は、旧友ニザンが、すでに発表していた紀行文『アデン・アラビア』とエッセイ『番犬』に続き、初の小説『アントワーヌ・ブロワイエ』を刊行し、世に認められた年であった。レイモン・アロンもドイツで教え、また研究をしながらフランスの雑誌などに寄稿を続けていた。

サルトルが、ドイツより一時帰国したアロンから現象学について聞き、小説と並行して進めていた哲学研究の難所を突破するべくフッサールに飛びついたのも、こういう背景があったのである。しかし、リセを一年休み、ドイツ留学から戻っても、なお具体的な成果はなく、彼の地でも執筆を続けて完成した小説の第二稿もまた、ボーヴォワールたちから再度の書き直しを迫られる。

サルトルに「三十歳」の壁が近づき、さしもの「天才信仰」にも動揺が始まっていた。こっそりと彼があきらめたものは、あの「舞踏会の栄光」だった。しかし「公式」には、いや自分自身に対してさえも、自信の崩壊をサルトルは告げることができない。

一九三五年二月、三十歳を目前にしたサルトルは、ノルマルの旧友ラガーシュに、メスカリン注射を打ってもらう。哲学論文「想像力論」執筆のため、知覚異常を体験しようと打った注射で、危険は皆無のはずだった。人によっては楽園の恍惚が得られるこの注射で、しかしサルトルには恐ろしい幻覚が現われる。すべてが気味悪く形を変えた。家は口を開け、人の顔は化け物に変わり、体中を蟹や軟体動物が這い、巨大な伊勢海老がサルトルを追い回した。

恐らくメスカリンは、サルトルに新しい何物かを呼び寄せたわけではない。彼の幼時からのおびえ――世界に対する、増殖する生命に対する、他者に対するおびえを、パンドラの箱を開けるように、すべてぶちまけた結果だったのであろう。彼を追い回す巨大な怪物とは、まさに彼が背負いきれなくなっていた「天才信仰」そのものだったと思われる。

けれども意識下はともかく、意識の上では、その信仰と縁を切ることなど思いもよらなかった以上、彼に残されていたのは、もはや狂気か死しかなかったようだ。後の回想で彼は、その当時もうおしまいで、平然と死を思ったと述べている。

こうした中で、サルトル自身の狂気の暗黒を色調とする、凄みのある小説の第三稿が完成し、初めてボーヴォワールたちの賛意を得る。しかし、持ち込まれたガリマール社はこれを送り返してくる。一九三六年、サルトルは三十一歳になっていた。

▼出版にこぎつける

僕は革張りの肘掛椅子にお尻の先だけのっけて坐った。……《貴方の作品はきっと採用になりますよ。ガリマールがあれを採用しないなんてことはあり得ません。》

『女ざかり　上』より

引用文は、一九三七年四月三十日、サルトルが、ガリマール社に呼び出された一部始終を、ボーヴォワールに手紙で報告している文である。あと二カ月足らずで三十二歳になろうとするサルトルが、コチコチになって座っていると、『NRF』の編集長ジャン・ポーランから、原稿に対する賛辞が雨あられと浴びせかけられる。その同じ原稿は前年、ポーランの名であっさりと拒絶されていたのであったが。

どんな時代にも、芸術家がデビューすることは難しい。ゴッホの絵が生前、たった一枚しか売れなかったことは有名な話であるし、二十世紀最高最大の小説といわれる『失われた時を求めて』にしても、プルーストから原稿を持ち込まれたガリマール社はこれを断り、後にジッドが自分の不明を詫びている。

『嘔吐』も同じであった。ボーヴォワールたち周囲からの書き直し要請で、二度もブラッシュアップし、狂気の淵をさまよう自身の体験を加え、一種凄みを帯びた第三稿。しかし持ち込まれたガリマール社は拒絶する。自らの天才信仰の崩壊の中、最後の力を振り絞っていたサルトルは、ボーヴォワールの前で涙を流したという。そのままでは恐らく、彼の人生は早晩終了していたであろう。

しかしこの時にいたって、周囲が放ってはおかなかった。まず、二十歳当時のサルトルの恋人であったシモーヌ・ジョリヴェは、この時演出家シャルル・デュランの恋人となっており、デュランはガストン・ガリマール社長と知り合いであった。また、サルトルのル・アーヴル時代の教え子ジャック＝ローラン・ボストの兄は、文筆家のピエール・ボストで、彼もまたガリマール社長の知人であった。

こうした二方向からの強力なコネクションにより、原稿は社長のもとに直接届けられ、社長からOKが出る。サルトルはギリギリのどん詰まりで危機を脱する。引用文はそのあと、サルトルがガリマール社に呼ばれた一場面を描いている。それは、永久に諦めなければならないとサルトルが秘かに覚悟していた栄光が、目の前で静かに扉を開いた、恐らくは彼の生涯で最も幸福な日であったと思われる。

このあとサルトルは作家として、文芸評論家として鋭い筆を振い始めるが、幸福に包まれた疾走期間はわずか二年半、やがて第二次世界大戦の戦雲に巻き込まれることになる。

▼独自の文学観

文学の成果は、読者がそれまで一度も考えなかったような事柄を読者に開示する書物を書くことだ

『別れの儀式』より

サルトルの文学観は、日本の近代文学が当然のように考えた、人間の心の真実の探求、あるいは社会・風俗のリアルな描写、といった考え方とはまったく異なる。世界の真理を作家が発見し、それを美しい文体によって表現する、というものだった。「発見」のために哲学が、「表現」のために文学が要請される。サルトルはスピノザとともにスタンダールを愛すると述べており、つまりは哲学を文学から切り離すことを拒否している。

サルトルは八歳ごろから「書く人生」を始めた。彼が自らの文学的知を大きく伸長させたのは、ラ・ロシェルからパリに戻り、再びリセ・アンリ四世校でニザンと再会した十五歳の時だった。当時すでに豊かな文学的知識を身につけていたニザンから、サルトルが教えられることは多かったようだ。

エコール・ノルマル受験のため、ニザンとともにリセ・ルイ＝ル＝グラン校に移ったサルトルは、ニザンらと協力して同人雑誌『題名のない雑誌』を作り、誌上に「ふくろうジェジュ」「病いの天使」を載せる。いずれも未来のない田舎リセ教師を、ペシミスティックなタッチで描いた習作である。

エコール・ノルマルに入った後、サルトルが二十二歳で書いた「ある敗北」は、ニーチェとワーグナー、それにその若い妻コジマとの有名な三角関係を下敷きにして描かれ、知の対話と情の対話とを含んだ小説である。リセ時代の作品とは違い、いちおうロマンの骨格を持ち、女主人公コジマに魅力があり、劇中劇として『嘔吐』のマロニエのシーンの前身となる「王子の騎行」の挿話がある。しかし全体として見ると観念性が目立ち、なお稚拙であり、自らの天才信仰を裏切るものだったと言わざるを得ない。意外なことであり、後の名文家からは想像もできないが、サルトルは奥手の作家だったのである。

サルトルが『嘔吐』の原型に着手したのは一九三一年、二十六歳の時。リセ時代に秘かに恐れ、習作で揶揄《やゆ》していた田舎リセ教師に、実際に自分がなってからだった。新しい小説は、「ある敗北」の中ではエピソードでしかなかった「偶然性」を、前面に押し出したもので、自身の孤独地獄の中から生まれた、「地方の一知識人が偶然性の真理を発見する物語」である。二年をかけて第一稿が完成するが、なおサルトル独特の観念性がまさった作品で、二度の書き直しが必要となる。

一九三七年、ようやく完成した第三稿はミステリー仕立てで、自身のメスカリン事件での狂気の体験も織り込み、異様な迫力を持つ作品に仕上がっていた。こうして難産の末に脱稿した小説『メランコリア』は、ガストン・ガリマール社長によって『嘔吐』と改題され、二十世紀の主要小説の一つとして歴史に名を残すことになる。

存在の真実を『嘔吐』によって描き出したサルトルは、引き続き世界全体、歴史あるいは戦争という「真実」を、壮大なスケールで描き出す『自由への道』を手掛け、戦後この作品の第四部の完成断念をもって、小説のペンを事実上折る。自らに小説的想像力が不足していると判断して、「作家廃業」を決意したようだが、しかし幼時からの文学志望のマグマを消滅させることはできなかった。そのエネルギーは、別の作品を何度も書きかけたほか、サルトル独自の評伝という、文学と哲学を融合させた巨大なジャンルを誕生させることに向けられたのである。『ボードレール』『聖ジュネ』『言葉』『マラルメ論』『家の馬鹿息子』など、驚くべき知識と想像力を駆使したサルトルの文学的才能の威力を、これらの作品から存分に味わうことができる。

▼努力の天才

天才などというものは前渡金にすぎない……大きな苦悩や、慎ましく確固として耐え抜かれた試練によって、それに価するようにならねばならない。

『言葉』より

祖父シャルル・シュヴァイツァーが、「天才児」サルトル少年にささやき続けた言葉である。――孫よ、お前は確かに天才だ。しかしそれが何だというのか。努力を続けねばならない。例えば、目が二つあるだけではだめなのだ。その使い方を学ばねば。祖父は孫にさらに問いかける。フローベールが幼いモーパッサンをどう導いたか知っているか？　師は弟子を一本の樹の前に座らせ、二時間かけてそれを描写させたのだ、と。

「天才」という観念。それはサルトルを、幼時から深々と貫いた。ただし「努力する天才」、それがサルトルの姿だった。七歳ごろから、韻をふむ詩形式で祖父と交わし合った手紙。擦り切れるほど読み、また書き写した『ラルース大百科事典』。エコール・ノルマルの入試を突破した後の、年間三百冊もの読書。サルトルは「天才」を目指し、実現すべく、死に物狂いの努力を重ねる。

その「天才」の中味とは、サルトルにとって「頭脳明晰」のことではなく、完璧な文学作品を作る能力を意味した。彼にとって哲学は世界を知るための「手段」であり、世界の真理を語る文学に材料を提供する役割を負っていた。誰にも見出し得ない真理を、自分一人の力で世界の暗闇から解き放つため、周囲を呆れかえらせるほど、サルトルは読み続け、考え続け、あらゆる分野に知を広げ続けた。彼には休むという観念がなかったと、ボーヴォワールは述べている。

祖父は一九三五年、九十一歳で亡くなったが、その予言通り「大きな苦悩」「耐え抜かれた試練」の末に、孫は三十二歳で長編小説『嘔吐』を、続いて三十三歳で短編集『壁』を刊行する。ナチ占領下のパリでは『出口なし』も初演される。一九四四年八月にパリが解放された頃には、サルトルはもはや自分が天才たることは証明された、という感触をもったようだ。もちろんそれらの小説、劇作に加え、『存在と無』の発表もあったであろう。

かくしてサルトルは自らの不滅性を確信し、「天才」という観念をそっと引き出しの中にしまう。サルトルが戦後、「永遠」を脇に置き、時代のため、現在生きている人々のために書こうと決意するのは、このような陰の確信にもよることが、晩年の『別れの儀式』などの証言から推測される。

やがてヒューマンな立場に立ち、謙虚な姿勢をとるサルトルは、『聖ジュネ』ほかの作品で、人はすべて平等であり、天才とは特別の人間ではない、それは絶望的な状況の中で人が作り出す突破口なのだ、という言葉を説き始めるのである。

▼激しい偏食

〔ボーヴォワール〕――あなたの一番きらいなものはなにかしら？……

サルトル――甲殻類、牡蠣、貝類だな。

『別れの儀式』より

サルトルは『存在と無』の第四部「実存的精神分析」の項で、人間の食べ物の好悪には深い意味があり、その理由が解析できれば、世界に対するその人間の根源的な選択の解明になるとして、いくつかの例をあげて分析を試みている。では、サルトル自身についてはどうなのであろうか？　それに関するボーヴォワールとの問答が、『別れの儀式』に掲載されている。それらから判断すると、果たしてサルトルは激しい偏食であった。

まず、好きな物が少ない。祖父母由来のアルザスふうの豚肉ソーセージ類や、野菜ではドイツふうのキャベツ煮、煮豆、ジャガイモなら好きだが、青い野菜はサヤインゲンがやっと。人が加工したチーズやタルトなら大好き、といったところである。

嫌いなものならたくさんある。引用文にあるように、昆虫に似た甲殻類、生命の原始的形姿を持つようなねばつく貝類。また、自然、とくに大地に近く生育する植物ないし果物類もことごとく嫌っている。いずれも意識を持たないか、持ってはいても曖昧なもので、しかも増殖しようとする強い意志を持つ下等動物や植物がだめなのである。日本人からすれば、これほど自然に対する異様な感覚を持つ人間が、本当にいるのだろうかと驚くばかりだが、サルトルの方は大まじめである。

サルトルにとって、こうした自己増殖という生命の原始的志向、すなわち下等動物や植物がひたすら無統制に増殖し続ける姿は、まことに「嘔吐」を催す光景以外のものではなかった。ボーヴォワールが名づけたサルトルの「葉緑素アレルギー」とは、まさにこうした嫌悪のことであり、そうであればこそ、植物を生のままで食べる「サラダ」などという代物は、サルトルにとってはとんでもない食べ物であった。

『嘔吐』の著者は、本当は生涯で二度しか嘔吐をしなかったようだが、そのうちの一回が一九六六年秋に来日し、宴席で刺身をすすめられた時であった。気配り人のサルトルはその場ではにこやかに食べていたものの、部屋に戻るとすぐに吐き気を催したという。知らないこととはいえ、日本側もずいぶん苛酷なことを強いたものである。

これらの背景をなすものは、明らかに「自然」を嫌悪し、「人工」を愛するサルトルの強烈な感性である。サルトルこそ、パリという人工空間が生み出したホムンクルス（人造人間）ともいえるであろう。人間を生み出した「自然」を汚いもの、気味悪いものとして徹底して嫌い、人間の脳が作り出した「人工」を美しいもの、整序された清いものとして限りなく愛する、まさに不可思議な感覚である。

こうした特異な感覚が、『嘔吐』のマロニエのシーンを生み出したのである。それとともに、戦後に刊行されたサルトルの最初の評伝『ボードレール』は、詩人ボードレールの性格を前面に立てながら、サルトル自身の「反自然・親人工」をみごとに解析した作品といえる。

▼人工物への愛

都会人の彼は、人間が合理化した、幾何学的な物を好む。……本当の水、本当の光、本当の熱とは、都会の水、光、熱――統制的な計画で統一された、人工的な作品――である。

『ボードレール』より

『ボードレール』は、一九四七年に公刊された、サルトルの評伝第一作である。以下、『聖ジュネ』『言葉』『マラルメ論』『家の馬鹿息子』と続く。いずれも、実存的精神分析の考え方に基づき、サルトル独特の文学と哲学からの両アプローチを自在に使い、各々の人間が世界に対してどんな態度をとるかという「根源的選択」を発見することが特徴である。つまり、サルトルの評伝では、文学者を扱ってもその作品の読解にはあまり関心がなく、作品は引用されても、もっぱらその人間像の解析に重点が置かれる。この世界をどう捉え、その認識に基づいてどんな生の選択がなされたか、を探っていく。

『ボードレール』では、自己と世界の無意味を発見した詩人が、無秩序に増殖する自然への嫌悪をつのらせ、これらの負荷に対抗して、人間による整序を求め、世界の創造を志向するさまが描かれる。引用文は、自然の無秩序、無統制を憎み、人工世界としての都会を愛する詩人の精神を描く一文である。

作品の中でサルトルは、この異色の詩人に寄り添いながら、次のようなエピソードを語る。――知人のなかに、その弟が水道の蛇口からコップに水を入れるのを見て、「本当の水の方がよくはないか」と言って、水差しを取りにいった人がいる。本当の水とは、人間の作った透明な器に入れられ、丸い清らかさを与えられた水であり、人間化された鉱物なのだ、と。

サルトルは言う。ボードレールは人工的なるものを愛した。その理由は、それが人間の真の偉大さである創造力の産物だからだ。反対に自然は無定形、無動機、言わば偶然的な存在として嫌悪の対象となる。こうして『ボードレール』の中でサルトルは、詩人の試みを、世界と人生の無意味というマイナスを、意識的な創造で乗り越えようとする、反自然＝人工への夢と捉える。この詩人こそは、自然＝動植物＝生命力＝多産を憎み、人工＝創造＝都市＝唯一性＝鉱物的不毛＝自由に賭けた人間だというのである。ただそれは、パリジャン、若い母の再婚、ルイ＝ル＝グラン校生等々、ボードレールと酷似した前半生を送ったサルトルの精神世界と、あまりにも似通ったものなのである。

▼本になって生き続けたい

ぼくの死後、ぼくは本の形で生き残る。……それは不滅の生だ。

『別れの儀式』より

ユゴーのように、スタンダールのように、作家として永遠の作品を残し、その作者として永遠に「生きる」こと。それこそが若きサルトルの生涯を賭けた目標だった。幼いサルトルを繰り返し襲った死の恐怖を、彼は永遠の作家になる、という栄光で覆おうとした。

一九六三年秋、『レ・タン・モデルヌ』に掲載された『言葉』は、五十八歳のサルトルの自伝である。その文中、自分の生み出す本に変身することで、不死となろうとする試みが語られる。作品と化する生。自分の言葉を活字に変え、移ろう生活のざわめきを墓碑銘に変え、肉体を文体に、流れる時間を永遠に置き換える。こうして生身《なまみ》のサルトルは永遠化される。仕事が終われば、脳や目や腕は用済みとなるだろう。

続いて『言葉』は、若き日のサルトルの夢、有名な「本でできた蝶」への変身を語り出す。――一九五五年ごろ、さなぎを破り出た壮年のサルトルは、二十五匹の本でできた蝶となって、ページを羽ばたかせ、国立図書館へと向かう。書棚に収まる二十五巻、本文一万八千ページ、著者の肖像画も含む三百枚の挿絵をもつ書籍群、それがサルトルの化身である。こうして彼は、余分な肉体を切り捨てた「完全な人間」となる。

その時「ジャン＝ポール・サルトル」はハンディな、しかし偉大な物神と化しているのだ。彼はもはやどこにもいないけれども、人類に欠かせずつきまとう観念として、どこにでも存在している。

このように『言葉』は、サルトル少年の見果てぬ夢、本に化身した不滅の生を描き出す。それは幼い日、壮年の自己を思い描いたはるかな夢想を、その年齢を通り越した五十八歳の著者がほほえましく語るものである。ところで冒頭の引用文は、その『言葉』からさらに十一年後、サルトル六十九歳、死の六年前の対談のときの言葉で、若き日と同じ思考が語られている。

実は同じ対談の中のサルトルによれば、こうした「不滅の生」の観念は、戦後のアンガージュマン文学の提唱とともに葬り去られたはずなのであるが、実際のところそう簡単ではなかったようだ。生涯の同志であったボーヴォワールにも、同様の思考があり、その自伝には、文学という形で人の心に残り続けることの喜びが語られている。

▼人生の頂点

〔ボーヴォワール〕――あなたは自分の人生の頂点をどの時期に置くのかしら？……

サルトル――……四十五歳と六十歳とのあいだだと思う。

〔ボーヴォワール〕――要するに六十まで、あなたの人生はたえず拡大され豊かになり続けたと考えるのね？

サルトル――だいたいはね。

『別れの儀式』より

サルトルは、人生を一種の紡錘形のように思い描いていたらしい。誕生は糸のように細く、次第に広がり、死で閉じる。ただし、中間部の広がりは左右対称ではない。五十歳、六十歳の人間は、死に向かっているとはいえ、社会を学び、他者そして自己の人生を知り、それまでよりも大きく膨らんでいく。サルトル自身もこうした中間期に、大きく自らを拡大させた感触があったようだ。

サルトルの言う四十五歳から六十歳に相当する年は、一九五〇年から六五年。実存主義がブームになり、サルトル現象と呼ばれた熱狂は、すでに四七年ごろには終わっていたとはいえ、その後のサルトルの活動範囲はさらに広がっていった。

まずフランス共産党との和解に続き、ソ連、中国への訪問、さらにユーゴスラビア、キューバ、ブラジル、チェコなどへ、世界各国からの招請を受けた訪問が相次ぐ。公式訪問が多く、多くの国で元首とも会談している。一九六六年には日本、六七年にはエジプト、イスラエルも訪れ、いずれの地でも大きな歓迎を受けた。こうした世界歴訪や反植民地主義のアピールにより、サルトルは第三世界の擁護者のイメージを濃くし、アルジェリア独立も強く支持して「世界のサルトル」となっていった。

一方国内でも、『レ・タン・モデルヌ』の編集を続けながら、『弁証法的理性批判』を刊行して、前著『存在と無』を社会的視座のもとに発展させ、世界的な思想家としての存在感も示す。また、『悪魔と神』『アルトナの幽閉者』などの優れた戯曲も発表、大きな話題を呼ぶ。さらには、哲学と文学を合体させた『聖ジュネ』、名文をもって鳴る『言葉』の刊行など、まさに千手観音のような活躍を見せ、知の万能人ぶりを最大限に発揮していた時期である。

フランス国内でいえば、それまでの嵐のような名声は、構造主義の台頭によって六〇年代初めから次第に鎮静していくが、六六年の日本訪問の際、各地で人波が押し寄せたように、諸外国においてはなお、その威光に陰りは見られなかった。

晩年のサルトルは、どれほどの未来まで自分の本が読まれるかについて、百年以上が望ましいが、五十年は期待できそうだと語っている。ボーヴォワールからの、文学と哲学とではどちらで残りたいかとの質問に、それはもちろん文学だと答えている。

少なくとも半世紀以上は人々に読まれ続け得る作家人生が送れたことについて、祖父を中心とする知識人の家庭に生まれたことが大きいと考えているようだ。

サルトルは、ドイツ語学校を作ったこの祖父について、『言葉』の中でも、ボーヴォワールとの対話『別れの儀式』でも、かなり突き離した見方をしている。しかし作家になったことを自分の幸福と考えるのであれば、最大の恩人はこの祖父であろう。祖父は少年に、独仏の古典や『ラルース大百科事典』を備えた書斎への出入りを許していたほか、さまざまな知識を授けたうえ、いつもこの孫に、「お前はものを書くようになるだろう」と言い続けていたのだから。

▼すべてを欲した

すべて……それこそわたし自身欲したものだ。もちろん、すべてに到達しはしない、けれどもすべてを欲すべきなのだ。

『シチュアシオン X』より

引用文は、「七〇歳の自画像」から採られたものである。このインタビューは、一九七五年六月二十一日、サルトル七十歳の誕生日に、彼の体調を気遣う研究家ミシェル・コンタによってなされ、『ル・ヌーヴェル・オプセルヴァトゥール』誌に掲載されたあと、世界各国に紹介された。当時世界には、サルトルの失明を心配する人々も多かったのだ。文字が読めなくなって二年、作家としての活動はもうおしまいだと宣言しながらも、使える肉体を使ってできる仕事は続けるという、なおエネルギーを感じさせる内容である。

引用文は、自らの七十年間を振り返り、自分の生涯を、「すべて」を求めた人生と規定している。ここで言う「すべて」とは、「全世界」と言ってしまえばそれまでであるが、なかなかに言い換えの難しいものではある。サルトルの従来の文脈からあえて一言で表現するならば、「一切を知り尽くすこと」――すなわち、あらゆる事象を理解し、世界の真理を発見し、完璧な作品を創って、永遠にその名をとどめる――そう言って当たらずとも遠からずであろう。

「すべて」を求めたサルトルは、世界を合理的に説明するために哲学を研究し、それを骨格として完璧な文学を目指した。同時に、世界のすべてを具体的に知る作家でもあるべく、精力的に読書に励む。多くの人々、多くの階層、多くの国々を視野に収めようとして、リセからエコール・ノルマル時代は、恐るべき読書の日々となった。

引用文の少し前で、インタビュアーのコンタから、あなたは十九世紀の「絶対への渇望」をもつ人々にこそ、全的な尊敬を払っているのではないかと聞かれ、サルトルは確かにそうだ、と答えている。

そこで意味されているものは恐らく、フランス象徴主義などの「絶対の探求」を思い浮かべればよいのであろう。例えば、サルトル自身も評伝を試みた、その総帥である十九世紀の詩人マラルメ。世界を一冊の中に閉じ込める究極の本を創造すべく、死力を尽くして詩作を続けた。彼の詩「溜息」に登場する噴水と同じく、ほとばしるその先から先へと崩れても、なおひたすら「蒼空というはるかな絶対」を目指す「知の噴水」のような、エネルギッシュな精神であった。マラルメに限りない親近感を覚えていたサルトル自身もまた、異なったジャンルで、同じレベルの試みをし続けた作家・思想家であった。

「すべて」――一切を知り、世界の真実を発見し、それを完璧な作品の中に造形すること。この見果てぬ夢想家こそがサルトルであったし、来《きた》るべき世代に対して彼が期待していたものもまた、それであったと言える。

サルトルは、このインタビューの五年後に自らの死を迎えた。

あとがき

二十世紀後半、ジャン＝ポール・サルトルの名声はフランス国境を越えて世界中に広がり、日本でも圧倒的な人気を博して、本国フランスにもない世界唯一の『サルトル全集』が人文書院から刊行され続けた。この全集のほか、書店には入門書、研究書、雑誌特集の類が溢れ返っていた。先ごろ亡くなった大島渚監督が、「サルトルを尊敬している」――パリでこの一言を言わんがために、十年間映画を撮り続けた、という時代があったのだ。

現在もなお、人文書院からは新訳『嘔吐』や『家の馬鹿息子』などが出版され、文庫版でも、岩波文庫・ちくま学芸文庫などでサルトルを読むことができる。研究書も何冊か出されている。しかし、往時を知る者にとっては、古書店の入口近くをあのクリーム色の全集が占拠していた風景は、完全に過去のものとなっている。またサルトルの入門書が、どの新書にも入っているという状況も、昔日のものである。

そういう旧世代からなにげなく漏れる「サルトル」の名に、とまどいを覚える若い人は多いだろう。また、最近次から次へと刊行される、やさしい、面白い、時に少女漫画ふうの挿絵までついた哲学入門書にサルトルの名が連なっていても、きわめて座りが悪いことだろう。

本書はこうした新しい世代のために、サルトルと彼に関係する七十二の言葉を掲げて解説し、サルトルの人と作品を理解してもらおうと書き下ろしたものである。


本書は、トランスビューの中嶋廣さんの依頼によって生まれたものである。本書と同時に、同じくトランスビューから刊行される『サルトル、存在と自由の思想家』は、サルトルを知っている世代に向けて分かりやすく書かれていても、サルトルに触れたことのない人々にとっては、そこへ到達するための梯子《はしご》が必要だ、というのが中嶋さんの判断であった。

私は耳を疑った。七〇〇枚近い『サルトル、存在と自由の思想家』を出版するだけでも、この時代には逆風に帆を張ることであるのに、さらに同時にもう一隻、出帆させようというのである。

私はその日からただちに準備にとりかかり、来る日も来る日も作業を続け、ようやくここに七十二の言葉にまとめて脱稿した。本書をこのような形で著わせたことについては、内外の研究者、翻訳者、版元の方々の力が支えになっていることは言うまでもない。

とはいえ、出来上がった本書は私自身の非才により、言葉の足りないところや、思わぬ誤りもあるかも知れない。すべて私の責任であるが、筆を執った者としては、トランスビューの中嶋廣・工藤秀之のお二人の大胆さに驚き、感謝しながら、二艘の幸を祈らずにはいられない。

また、明るいユーモラスな味わいのイラストを描いてくださった桂川潤さん、まるでフランスの本のようなしゃれた装丁をしてくださった高麗隆彦さんにも、厚く御礼を申し上げたい。

大小二隻の、荒海でのたくましい航海と、それらによってサルトルの知が若い読者に豊かな生をもたらしてくれんことを祈って、ボン・ヴォワイヤージュ！


二〇一三年六月二十一日（サルトル生誕一〇八年）

著者

サルトル略年譜（プレイヤード版『サルトル小説集』ほかより作成）

一九〇四年	父ジャン＝バチスト・サルトルと母アンヌ＝マリー・シュヴァイツァーが結婚。
一九〇五年	六月二十一日、ジャン＝ポール・サルトル（Jean-Paul-Charles-Aymard Sartre）、パリ十六区ミニャール街十三番地で生まれる。
一九〇六年	父没。母、祖父、祖母とパリ郊外ムードンに移る。五年後、五区ル＝ゴフ街へ。
一九〇八年	シモーヌ・ド・ボーヴォワール生まれる（一月九日）。
一九一五年	リセ・アンリ四世校に入学。翌年、ニザンと知り合う。
一九一七年	母がジョゼフ・マンシーと再婚。夫妻はラ・ロシェルに移り、サルトルも転校。「生涯最悪の三年」が始まる。
一九二〇年	アンリ四世校に戻り、寄宿生となる。ニザンと再会。
一九二二年	ニザンとともにルイ＝ル＝グラン校受験準備学級に入学。
一九二四年	エコール・ノルマル・シュペリウールに入学。
一九二五年	シモーヌ・ジョリヴェと恋愛。
一九二七年	小説「ある敗北」を書き、ガリマール社に持ち込むが、断られる。
一九二九年	ボーヴォワールを知る。アグレガシオンを一番でパスする。二番はボーヴォワール。 日本での講師のポストに応募、不採用。
一九三一年	十八カ月の兵役が終わり、ル・アーヴルのリセの教授になる。

一九三三年	レイモン・アロンなどを通じて、現象学を発見。ドイツに留学。
一九三四年	留学から戻り、リセに復職。翌年、「メスカリン事件」が起こる。
一九三六年	アルカン社からサルトルの最初の著書『想像力』を刊行。ランのリセに転勤。
一九三七年	『嘔吐』の出版が決まる。『NRF』に短編「壁」が掲載される。パリのリセ・パストゥール校に転勤。
一九三八年	『嘔吐』刊。
一九三九年	短編集『壁』、『情緒論素描』を刊行。九月、第二次世界大戦に動員。
一九四〇年	『想像力の問題』刊。『壁』によりポピュリスト賞を受賞。五月、ドイツ軍がフランスに侵入、サルトルは捕虜に。
一九四一年	捕虜収容所からパリに戻る。メルロ＝ポンティらと反独組織「社会主義と自由」を作るが、成果なく解散。リセ・コンドルセ校に転勤。
一九四三年	戯曲『蠅』、『存在と無』刊。カミュと親しくなる。
一九四五年	アメリカ滞在。戯曲『出口なし』刊。『分別ざかり』『猶予』(『自由への道　第一部・第二部』) 刊。『レ・タン・モデルヌ』発刊。
一九四六年	『実存主義はヒューマニズムである』刊。前年、義父が亡くなり、この年よりボナパルト街で母と暮らす。
一九四七年	評論集『シチュアシオン　I』、『ボードレール』刊。
一九四八年	戯曲『汚れた手』、『シチュアシオン　II』刊。
一九四九年	『魂の中の死』(『自由への道　第三部』)、『シチュアシオン　III』刊。

一九五二年	『聖ジュネ』刊。
一九六〇年	『弁証法的理性批判』刊。
一九六二年	極右組織OASにより、前年に引き続きプラスチック爆弾を仕掛けられる。ラスパイユ通りへ移る。
一九六四年	『言葉』、『シチュアシオン　Ⅳ・Ⅴ・Ⅵ』刊。ノーベル文学賞を辞退。
一九六六年	日本に、ボーヴォワールとともに旅行。
一九六八年	パリの「五月革命」で学生を支持。
一九七一年	『家の馬鹿息子　Ⅰ・Ⅱ』刊。
一九七二年	『シチュアシオン　Ⅷ・Ⅸ』、『家の馬鹿息子　Ⅲ』刊。
一九七三年	眼底出血により、視力を失う。エドガー＝キネ通りに移る。
一九七六年	『シチュアシオン　Ⅹ』刊。
一九八〇年	三月二十日、肺水腫のため入院。
〃	四月十五日、没（七十四歳）。
〃	四月十九日、五万の人々が葬列に従った。

引用一覧

・引用文は、原則として人文書院版サルトル全集を使用したが、これからサルトルに親しむ読者のために、新訳や増補版、あるいは文庫版があるものについては、それらのページも併記した。引用文には、読者が読みやすいよう、一部に〔　〕で言葉を補足したり、ルビを振るなどしたところがある。翻訳者の方々のご寛恕をお願いしたい。
・出版社名に言及のないものは、人文書院版サルトル全集である。
・引用文の翻訳者と版元の方々に、改めて感謝を申し上げたい。なお、日本語翻訳者名のない書目は、筆者の訳である。

I

p.18　シモーヌ・ド・ボーヴォワール『女ざかり　上』朝吹登水子・二宮フサ訳、紀伊國屋書店、1963年、125頁。
p.21　『嘔吐』白井浩司訳、1951年、200頁。／鈴木道彦新訳、人文書院、2010年、212－213頁。
p.23　シモーヌ・ド・ボーヴォワール『別れの儀式』朝吹三吉・二宮フサ・海老坂武訳、人文書院、1983年、443頁。
p.25　『存在と無　I』松浪信三郎訳、1956年、110頁。／ちくま学芸文庫版第1巻、2007年、122頁。
p.27　『出口なし』伊吹武彦訳、『恭しき娼婦』、1952年、126頁。なお、p.28の引用も同書による。
p.30　『自由への道　第三部・第四部（断片）』（『魂の中の死・最後の機会（断片）』）佐藤朔・白井浩司訳、1952年、205頁。／海老坂武・澤田直新訳、岩波文庫版第五巻、2010年、457頁。
p.33　「『レ・タン・モデルヌ』創刊の辞」伊吹武彦訳、『シチュアシオンII』、1964年、9頁。
p.36　『実存主義とは何か』伊吹武彦訳、1955年、17頁。／増補版、1996年、42頁。
p.39　『文学とは何か』加藤周一・白井健三郎訳、『シチュアシオン　II』、1964年、235頁。
p.42　「『見知らぬ男の肖像』序文」三輪秀彦訳、『シチュアシオン　IV』、1964年、7頁。

p.45 「スターリンの亡霊」白井浩司訳、『シチュアシオン　Ⅶ』、1966年、189頁。
p.48 『アルトナの幽閉者』永戸多喜雄訳、1961年、148頁。
p.50 『弁証法的理性批判　Ⅰ』竹内芳郎・矢内原伊作訳、1962年、14頁。
p.54 Annie Cohen-Solal, *Sartre 1905-1980*, Gallimard,1985, folio,1989, p.694.
p.57 『言葉』白井浩司・永井旦訳、1964年、143頁。／澤田直新訳、2006年、169頁。
p.59 *L'Idiot de la famille, tome II*, Gallimard, 1971, p.1935.
p.63 サルトル・レヴィ「いま、希望とは」(『朝日ジャーナル』1980年4月18日号11頁、5月2日号34頁) 海老坂武訳、朝日新聞社。

Ⅱ
p.69 『存在と無　Ⅰ』松浪信三郎訳、1956年、57頁。／ちくま学芸文庫版第1巻、2007年、68頁。
p.70 『実存主義とは何か』伊吹武彦訳、1955年、13頁。／増補版、1996年、39頁。
p.72 『実存主義とは何か』伊吹武彦訳、1955年、18頁。／増補版、1996年、42－43頁。
p.74 『存在と無　Ⅰ』松浪信三郎訳、1956年、325頁。／ちくま学芸文庫版第1巻、2007年、363頁。
p.76 『奇妙な戦争』海老坂武・石崎晴己・西永良成訳、人文書院、1985年、297頁。
p.78 『存在と無　Ⅰ』松浪信三郎訳、1956年、231頁。／ちくま学芸文庫版第1巻、2007年、258頁。
p.80 『存在と無　Ⅰ』松浪信三郎訳、1956年、24頁。／ちくま学芸文庫版第1巻、2007年、32頁。
p.82 『存在と無　Ⅰ』松浪信三郎訳、1956年、177頁。／ちくま学芸文庫版第1巻、2007年、199頁。
p.84 『存在と無　Ⅲ』松浪信三郎訳、1960年、305頁。／ちくま学芸文庫版第3巻、2008年、348－349頁。
p.86 『存在と無　Ⅲ』松浪信三郎訳、1960年、406頁。／ちくま学芸文庫版第3巻、2008年、463頁。
p.88 『実存主義とは何か』伊吹武彦訳、1955年、73頁。／増補版、1996

年、81頁。

Ⅲ

p.92 《Une défaite》, *Écrits de Jeunesse*, Gallimard, 1990, p.244.

p.95 *Œvres romanesques*, Bibliothèque de la Pléiade, Gallimard, 1981, p.1669.

p.98 『弁証法的理性批判　Ⅰ』竹内芳郎・矢内原伊作訳、1962年、142頁。

p.100 『方法の問題』平井啓之訳、1962年、7頁。

p.103 『方法の問題』平井啓之訳、1962年、104頁。

p.106 『方法の問題』平井啓之訳、1962年、100頁。

p.108 『方法の問題』平井啓之訳、1962年、6頁。

p.110 『弁証法的理性批判　Ⅰ』竹内芳郎・矢内原伊作訳、1962年、378－384頁。

p.112 シモーヌ・ド・ボーヴォワール『別れの儀式』朝吹三吉・二宮フサ・海老坂武訳、人文書院、1983年、534頁。

Ⅳ

p.116 『存在と無　Ⅱ』松浪信三郎訳、1958年、88頁。／ちくま学芸文庫版第2巻、2007年、103頁。

p.118 『存在と無　Ⅱ』松浪信三郎訳、1958年、98頁。／ちくま学芸文庫版第2巻、2007年、115頁。

p.120 『存在と無　Ⅱ』松浪信三郎訳、1958年、460頁。／ちくま学芸文庫版第2巻、2007年、530頁。

p.122 『存在と無　Ⅱ』松浪信三郎訳、1958年、341頁。／ちくま学芸文庫版第2巻、2007年、395頁。

p.124 『存在と無　Ⅱ』松浪信三郎訳、1958年、361頁。／ちくま学芸文庫版第2巻、2007年、417頁。

p.126 『存在と無　Ⅱ』松浪信三郎訳、1958年、405頁。／ちくま学芸文庫版第2巻、2007年、468頁。

p.128 『弁証法的理性批判　Ⅰ』竹内芳郎・矢内原伊作訳、1962年、57頁。

p.131 『弁証法的理性批判　Ⅰ』竹内芳郎・矢内原伊作訳、1962年、304頁。

p.133 『弁証法的理性批判　Ⅱ』平井啓之・森本和夫訳、1965年、74頁。

Ⅴ

p.136 『奇妙な戦争』海老坂武・石崎晴己・西永良成訳、人文書院、1985年、

379頁。

p.139 「ポール・ニザン」鈴木道彦訳、『シチュアシオン　Ⅳ』、1964年、149頁。

p.142 『自由への道　第二部』(『猶予』)佐藤朔・白井浩司訳、1951年、280頁。／海老坂武・澤田直新訳、岩波文庫版第四巻、2010年、251－252頁。

p.145 「『レ・タン・モデルヌ』創刊の辞」伊吹武彦訳、『シチュアシオン　Ⅱ』、1964年、22頁。

p.147 『実存主義とは何か』伊吹武彦訳、1955年、19頁。／増補版、1996年、43頁。

p.150 「文学の国営化」白井浩司訳、『シチュアシオン　Ⅱ』、1964年、33頁。

p.152 「アルベール・カミュに答える」佐藤朔訳、『シチュアシオン　Ⅳ』、1964年、77頁。

p.156 「七〇歳の自画像」海老坂武訳、『シチュアシオン　X』、1977年、202頁。

Ⅵ

p.160　シモーヌ・ド・ボーヴォワール『娘時代』朝吹登水子訳、紀伊國屋書店、1961年、321－322頁。

p.162 『言葉』白井浩司・永井旦訳、1964年、13－14頁。／澤田直新訳、2006年、16頁。

p.164 『言葉』白井浩司・永井旦訳、1964年、35頁。／澤田直新訳、2006年、41頁。

p.166 『言葉』白井浩司・永井旦訳、1964年、35頁。／澤田直新訳、2006年、40頁。

p.168 『奇妙な戦争』海老坂武・石崎晴己・西永良成訳、人文書院、1985年、88頁。

p.170　Annie Cohen-Solal, *Sartre 1905-1980*, Gallimard,1985, folio, 1989, p.141.

p.172　シモーヌ・ド・ボーヴォワール『女ざかり　上』朝吹登水子・二宮フサ訳、紀伊國屋書店、1963年、19頁。

p.175 「七〇歳の自画像」海老坂武訳、『シチュアシオン　X』、1977年、157頁。

p.177　シモーヌ・ド・ボーヴォワール『別れの儀式』朝吹三吉・二宮フサ・海老坂武訳、人文書院、1983年、390頁。

p.179 『奇妙な戦争』海老坂武・石崎晴己・西永良成訳、人文書院、1985年、91頁。

p.183　シモーヌ・ド・ボーヴォワール『女ざかり　上』朝吹登水子・二宮フサ訳、紀伊國屋書店、1963年、278－279頁。

p.185　シモーヌ・ド・ボーヴォワール『別れの儀式』朝吹三吉・二宮フサ・海老坂武訳、人文書院、1983年、176頁。

p.188 『言葉』白井浩司・永井旦訳、1964年、43頁。／澤田直新訳、2006年、50頁。

p.190　シモーヌ・ド・ボーヴォワール『別れの儀式』朝吹三吉・二宮フサ・海老坂武訳、人文書院、1983年、415頁。

p.193 『ボードレール』佐藤朔訳、1956年、82－83頁。

p.195　シモーヌ・ド・ボーヴォワール『別れの儀式』朝吹三吉・二宮フサ・海老坂武訳、人文書院、1983年、507頁。

p.197　シモーヌ・ド・ボーヴォワール『別れの儀式』朝吹三吉・二宮フサ・海老坂武訳、人文書院、1983年、522頁。

p.200 「七〇歳の自画像」海老坂武訳、『シチュアシオン　X』、1977年、180頁。

渡部佳延（わたべ　よしのぶ）

1948年、東京生まれ。早稲田大学第一文学部人文学科卒業。1972年、講談社に入社。『英文日本大百科事典（Encyclopedia of Japan）』全9巻の編集に携わり、「講談社現代新書」編集部を経て、「選書メチエ」編集長、「講談社学術文庫」編集長を歴任、2003年退社。現在、昭和薬科大学・神奈川大学非常勤講師。専攻、西洋思想史、20世紀文学。著書に『サルトル　知の帝王の誕生』（筆名・朝西柾、新評論）、『サルトル、存在と自由の思想家』（トランスビュー）がある。

サルトル、世界をつかむ言葉

二〇一三年八月五日　初版第一刷発行

著　者　渡部佳延

発行者　中嶋　廣

発行所　株式会社トランスビュー

東京都中央区日本橋浜町二－一〇－一
郵便番号一〇三－〇〇〇七
電話〇三（三六六四）七三三四
URL http://www.transview.co.jp

印刷・製本　中央精版印刷

ISBN978-4-7987-0140-0 C1010